# Ein lichtvoller Tag beginnt

Gedichte

Florian Birnmeyer, Beatrix Jacob, Angela Hilde Timm u.v.a.

Dorante Edition

# Ein lichtvoller Tag beginnt

## Gedichte

Florian Birnmeyer, Beatrix Jacob,
Angela Hilde Timm u.v.a.

Bibliografische Information durch die Deutsche Nationalbibliothek: Die Deutsche Nationalbibliothek verzeichnet diese Publikation in der Deutschen Nationalbibliografie; detaillierte bibliografische Daten sind im Internet über http://dnb.d-nb.de abrufbar.

herausgegeben durch das Literaturpodium, Dorante Edition
Berlin 2025, www.literaturpodium.de
ISBN: 978-3-7693-7621-0

Foto auf der Vorderseite:
Kopenhagen (Fristad Christiania), Marko Ferst

Verlag: BoD · Books on Demand GmbH, Überseering 33,
22297 Hamburg, bod@bod.de
Druck: Libri Plureos GmbH, Friedensallee 273, 22763 Hamburg

*Grete Ruile*

## Kunstwerke der Natur

Im magisch hellen Licht,
im schneeweißen, kalten Winterwald,
sah ich es zum ersten Mal.
Haariges Eis!
Bizarre Schneegebilde auf den Bäumen.
Ein seltenes Naturphänomen.
Sie erinnerten mich an meine Kindheit
und an Zuckerwatte.

Einige der Bäume schienen
umwickelt mit Eiswolle.
Und dort: Schaute da nicht eine Fee
mit silbrig glänzendem Lockenhaar
vom Baum herunter?
Es war unglaublich faszinierend was ich sah.
Der Wald schien verzaubert, märchenhaft.
Mit Verwunderung betrachtete ich
die außergewöhnlichen Kunstwerke der Natur.
Es war Winterromantik pur.

*Grete Ruile*

## Glanzvoller Frühling

Mach dir keine Sorgen, der Frühling rüstet sich
für die heiteren, sonnigen Morgen.
In denen alles wieder blüht, duftet und lacht.
Die Wiesen durchtupft sind, über Nacht,
von vielfarbiger Primeln Pracht.

*Grete Ruile*

## Geliebte Erde

Die Erde ist unser zu Hause. Hier finden wir es am Schönsten,
hier fühlen wir uns geborgen, sind daheim.
Deshalb lasst uns unbeschwert und fröhlich sein.
Genießen alle guten Tage.
Es gibt so viele strahlende Morgen!
Lasst uns verbannen aus unserem Bewusstsein
die traurigen Tage, die kommen,
wenn wir müssen der Erde entsagen.
Doch manchmal gehen unsere Blicke
fragend zum Himmelszelt, wo golden die Sternlein prangen.
Dort oben scheint alles in unglaublich weiter Ferne.
Wir lieben unsere Erde, haben sie gerne.

*Grete Ruile*

## Leiser Frühlingshauch

Und wieder kommt ein leiser Frühlingshauch ins Land.
Überall ist sie zu spüren die warme Himmelsluft.
Weit öffne ich meinen Mantel auf, mit frohgemuten Händen.
Breite weit die Arme aus.
Ich grüße dich Frühling: Du bist wieder zuhaus.

*Grete Ruile*

## Sonntag

Sonntag! – Du, der Woche schönster Tag
ich muss dich lieben.
Kein Wecker klingelt um halb sieben.
Jeden Morgen früh aufstehen,
welche Plage.
Sonntag! – Du, der Woche schönster Tag.
Niemand stört mich um halb sieben.
Nicht den Zeiger des Weckers rücken sehen,
ohne folgen ihm zu müssen.
Ich darf mich wieder umdrehen,
auf dem sanften Ruhekissen.
Heute kann ich tun und lassen was ich will.
Das macht mich so froh und heiter,
die Arbeit geht erst nächste Woche weiter.


*Grete Ruile*

## Der Gesichtsausdruck

Mit zwanzig sind wir schön.
Mit vierzig beginnt unser Gesicht zu sprechen.
Mit sechzig und mehr, zeigt sich was wir gefühlt und erlebt haben.
War es Liebe, Vertrauen, Gerechtigkeit und Ehrlichkeit?
War es Misstrauen, Neid, Wut, Egoismus und vieles mehr?
Nicht nur unsere Lippen, unsere Blicke, auch
unsere Herzen sprechen davon in unserem Gesicht.

*Grete Ruile*

## Anmutiger Frühling

Wenn glänzend gelb auf grünen Wiesen,
goldgesternter Löwenzahn lässt grüßen.
Wenn Spinnen wieder Netze weben.
Wenn Vögel sich in die Lüfte schwingen,
lassen ihren Gesang erklingen.
Wenn Liebe und Hoffnung geben sich die Hand.
Dann wissen wir: Der Frühling ist im Land!


*Grete Ruile*

## Maiengrün

Nebelfeuchte Schleier decken den Morgen noch zu.
Doch scheint die Sonne auf die Erde nieder,
Licht und Wärme vereinigen sich, geschieht ein Wunder:
Ein junges, frisches Blütenmeer dringt aus dem Boden heraus.
Ein duftender, blühender Frühlingsstrauß.


*Grete Ruile*

## Ein lichtvoller Tag beginnt

Der Nachtwind hat sein Rauschen eingestellt,
sein Knacken und sein Beben.
Morgendämmerung steigt herauf.
Der Tag bricht an.
Die Sonne hellt den Himmel auf.
Sie breitet aus ihr strahlendes Sonnenlicht.
Das dunkle Wolkenband zerbricht.

*Angelika Leine*

## Weihnacht

Und wieder ist ein Jahr verstrichen,
teils im Glück und teils im Leid.
Die Hast ist nun der Ruh' gewichen,
in uns wächst Besinnlichkeit.

Besinnlichkeit – jedoch worauf?
Wo liegt der tief're Sinn des Lebens?
Das Dasein gibt mir Rätsel auf.
Die Lösung suche ich vergebens.

Was gerad' heut' am meisten zählt,
Ihr Narren, das begreift Ihr nicht,
bekommt man nicht für Gut und Geld.
Der Mammon, er hat kaum Gewicht.

Vertrauen, Treue, Freundschaft, Liebe,
warum denkt keiner heut' daran?
Wenn nur dies Wesentliche bliebe,
wär' jeder hier ein reicher Mann.


*Elena Zardy*

## Vertrauen

so liegen deine Hände
engelsgleich
wissend
auf dem Tisch
In meiner

*Elena Zardy*

## Niemals mehr

Niemals mehr
gehe ich den Weg zum Fluss
und schaue den Enten zu
nehme deine Hand
gedankenverloren
Niemals mehr
lachst du mir zu
auf den Spuren der Liebe
verlassen
Niemals mehr
werde ich deinen Traum erwähnen
niemals mehr
tausend Sterne zählen
Niemals mehr
spür' ich deinen Arm um mich
Ich weiß es nun -
Ich liebte dich


*Elena Zardy*

## Dass es Liebe war

Dein Lächeln
im Spiegelbild
deiner Seele
Deine Haut
streift mein Gesicht
und ich schieb'
die Tränen weiter
sodass
jeder Tag zerbricht
Doch dass es Liebe war -
das wusst' ich nicht

**10**

*Angelika Lotfey*

## Nachsommer

*(In memoriam A. Lobe)*

Der Blumenduft ist abgestanden.
Es winden Amseln leiser
Die altbekannten Tongirlanden
Um sommermüde Häuser.
Die Sonnenuhren gehen nach.
Unförmig stehen Hecken.
Ein gelbes Blatt rieselt aufs Dach.
Der Herbst linst um die Ecken.

*Angelika Lotfey*

## Der Zar

Das Menetekel lässt
Auf sich warten
Stumm starren sie
Die Wände über
Endlose Teppiche geht
Er wie über
Bäche von Blut
Wie über Leichen
Im Keller mit
Dem Dolch im
Gewande holt es
Ihn ein sein
Gewissen im Schlaf
Oder auch nicht
Das Menetekel glänzt
Durch Abwesenheit

*Angelika Lotfey*

## Baum der Wünsche (Georgien 1976)

Im Mohnfeld leuchtet rot der Tod.
Dort stirbt ein alter Schimmel.
In seinen Augen steht die Not.
Darüber steht der Himmel.

Ein Mädchen liebt einen Jungen,
Den sie nicht heiraten kann.
Sie wird in die Ehe gezwungen
Mit einem anderen Mann.

Es stiehlt sich der junge Mann zu ihr.
Der Ehemann ist bei den Schafen.
Die Mutter linst hinter der Haustür.
Die Sünderin gilt's zu bestrafen.

Zur Schande durchs Dorf muss sie reiten,
Verkehrt auf den Esel gesetzt.
Zur Strafe wird sie von den Leuten
Bespuckt und beworfen, verletzt.

Der Junge ruft laut ihren Namen
Und wird ohne Warnung erschossen.
Das Mädchen und alle, die kamen,
Sie sehen sein Blut dort vergossen.

Erstarrt sitzt sie, wie eine Puppe.
Der Esel geht stoisch hinweg.
Entseelt rutscht sie über die Kruppe
Und sinkt in den Schmutz und den Dreck.

Im Mohnfeld leuchtet rot der Tod.
Dort stirbt ein alter Schimmel.
In seinen Augen steht die Not.
Darüber steht der Himmel.

*Angelika Lotfey*

## Nachtgedanken, Jahresanfang 2025

Denk' ich an Deutschland in der Nacht,
Dann werde ich sehr aufgebracht.
Die aktuelle Sonntagsfrage
Bringt Unerfreuliches zutage.

Ein Drittel fast wünscht die Union
An die Spitze. Welch ein Hohn!
„Bundeskanzler Friedrich Merz" -
Das klingt wie ein schlechter Scherz.

Der Fritz gibt sich als Biedermann,
Er biedert sich Faschisten an;
Um sich Stimmen rechts zu holen,
Klaut er AfD-Parolen.

Trotz Faktenchecks auf Volksverpetzer
Steh'n die blauen Volksverhetzer -
Die #noAfD-Partei -
Schon seit Wochen auf Platz zwei.

Faschos in den Bundestag
Wählt nur der, der Faschos mag,
Und stimmt bei dem Urnengang
Klar für Deutschlands Untergang.

Die SPD, im Abwärtstrend,
Steht bei nur sechzehn Prozent.
Das liegt wohl am Kandidaten
Der Sozialdemokraten.

Charismatisch ist Herr Scholz
Nämlich nicht. Vielmehr aus Holz
Scheint der gute Mann geschnitzt.
Die Bilanz ihm wenig nützt.

Die Grünen erreichen knapp vierzehn Prozent.
Vermutlich ihr Wahlprogramm kaum einer kennt,
Aus Mangel an Zeit oder Lust zum Lesen.
Das ist es dann wohl leider gewesen …

„Habeck for Kanzler" bleibt Utopie.
Klimaziele erreichen wir nie.
Artensterben und Tierquälerei
Ist den meisten wohl einerlei.

Ohne Superreichensteuer
Bleibt der Haushalt viel zu teuer.
Mindestlohn und Bürgergeld
Werden dann hintangestellt.

Hier mein Fazit, kurz und bündig:
Viele Wähler sind nicht mündig.
Nur die allerdümmsten Kälber
Wählen ihre Metzger selber.

*Angelika Lotfey*

**Celebrity Crush**

Es kreischen Frauen seinen Namen,
Bannen aufs Handy sein Gesicht,
Reden sich ein, ihn gut zu kennen,
Nur dadurch, wie er schweigt und spricht
In seinen Filmen. Manche wünscht sich,
Bei ihm zu steh'n im Rampenlicht,
Ist überzeugt, sie passe besser
Zu ihm als seine Frau. Er bricht
In ihren Träumen seine Ehe
Und ihre mit. Und weiß es nicht.

*Angelika Lotfey*

## Johannesevangelium, Kapitel 8, Vers 44

Sie nennen Hetze, Hass und Lügen
„Alternative Fakten", „freie Meinung":
Apostel der Realitätsverneinung,
Die ihre Jünger wie sich selbst betrügen.

Es wird gelogen, dass sich Balken biegen.
Wer Fakten checkt, den Trug zu widerlegen,
Dem weht oftmals ein starker Wind entgegen,
Doch letzten Endes wird die Wahrheit siegen.

Denn Fakten werden immer Fakten bleiben,
Egal, wie viele sie nicht akzeptieren
Und ihren Absolutheitswert verneinen.

Dies können alle sich ins Stammbuch schreiben:
Wer Lügen folgt, wird garantiert verlieren -
Bekanntlich gehen sie auf kurzen Beinen.

*Angelika Lotfey*

## Weinmond

Kraniche ziehen im
Schlepptau mein Fernweh
Mit dem Geschmack
Des Sommers stürzt
Die letzte Himbeere
Ins Verderben im
Fahlen Blau kreisen
Hummeln Amseln geben
Luftalarm

*Angelika Lotfey*

## Kahlschlag

Gestern war die Chaussee
Gesäumt von alten Buchen,
Heute ist die Allee
Gefällt, und Amseln suchen

Nach ihrem Lebensbaum
Und den verlor'nen Nestern
Und flöten wie im Traum
Ihr Abschiedslied vom Gestern.


*Angelika Lotfey*

## Sturmmond

Es hat der Nebel über Nacht
Den Wald mit kalten Fingerspitzen
In seine Urgewalt gebracht.
Wie scharfe Messersplitter blitzen
An allen Zweigen nun Kristalle.
Der Wald, in ein Korsett gebannt
Aus rauem Reif, steckt in der Falle.
Es schnürt ein Wolf am Wiesenrand.

*Angelika Lotfey*

## Der Popanz

Ein fauler Zauber macht sich breit;
Es muss ein Liebeszauber sein.
An einige ist er verschwendet,
Die fallen nicht auf ihn herein.
Die Opfer, welche er verblendet,
Sind schwuppdiwupp vermaledeit.

Bei ihnen geht er gleich ins Blut
Und wandert hin zum Rückenmark,
Er schaltet ihr Gewissen stumm,
Macht aus dem Rückgrat Schwabbelquark,
Vernebelt jeden Sinn, kurzum:
Der Zauber, er tut gar nicht gut.

Man sagt vom Geld, es würd' nicht stinken.
So muss ein Duft von Pheromonen
Dem schnöden Mammon innewohnen,
Weshalb - wie um die Königin der Bienen
Die Drohnen liebestrunken schwirren -
Die Mammonjünger um den Popanz irren,
Um sich ihm lüstern anzudienen
Und sich am
Geldfluss zu betrinken.

So kommt es, dass der reichste Mann der Welt
Für sie der allergrößte Held ist,
Verzapft er auch nur ständig Bockmist.
Wer nicht verfällt dem Zauberduft,
Der merkt: der Windbeutel enthält
Nichts weiter nur als heiße Luft.
Es ist der Multimilliardär
Inwendig hohl, unendlich leer.

*Angelika Lotfey*

## Die MAGA-Evangelikalen

Die MAGA-Evangelikalen
Sind auf dem Kreuzzug, wild entschlossen.
Ihr Feindbild: alle Liberalen,
Pardon: die „woken" Zeitgenossen.

Für sie bedeutet „Meinungsfreiheit":
Sich ideologisch durchzusetzen
Und dabei ohne Scham und Mitleid
Die Freiheit anderer zu verletzen.

Weil gleich zu gleich sich gern gesellt,
Sind sie Trump um den Bart gegangen.
Sie halten ihn für auserwählt.
Er hat als Stimmvieh sie gefangen,

Um seine Ziele durchzuboxen.
Sie haben sich in ihn verknallt
Und tanzen um den Talmi-Ochsen
Wie Israel einst ums Goldene Kalb.

Zum Heiland ist er auserkoren:
Ein Trickser, Nepper, Bauernfänger,
Ein Busenfreund von Diktatoren,
Verführer tumber Kultanhänger,

Ein Prahlhans und ein Volksverblender,
Ein Mobaufwiegler und ein Hetzer,
Ein Taugenichts und Geldverschwender,
Ein Klemlpropagandaschwätzer,

Ein FOX- und Breitbart-Pressesprecher,
Ein Lügenbold und ein Rassist,
Ein Grabscher und ein Ehebrecher,
Mit einem Wort: ein Antichrist.

Als Wegbereiter von Faschisten,
Verehrte MAGA-Evangelikale,
Entpuppt ihr euch als Pseudochristen.
Ihr seid un-freie Freie Radikale.


*Angelika Lotfey*

## „Die Kanzlerin der (blauen) Herzen".
## Eine Farce in drei Aufzügen

1. Aufzug: Blauer Dunst
2. Aufzug: Blaue Herzen
3. Aufzug: Blaues Wunder

*florian birnmeyer*

## horaz

horaz schrieb seine werke
für augustus und die römer
erfrischend erquickend
brach er auf in die vers
zwischenräume
mit wein wort witz –
schöpfte oden epoden satiren
*sermones* mehr
als nur ein carpe *diem*
ich einst verloren
in bedeutungsvielfalt
rufe dich horaz
rette mich vor mir selbst
ich will weder
konkrete poesie
noch abstrakte
sondern verskaskaden
mit rhythmus und aussage.
so.

*florian birnmeyer*

## sonette

du sandtest
im braungetönten umschlag
wie lieb gewordenes obst

---

---

quartette,
terzette,

---

sonette – formal ideal
fast überperfekt
zart und hart zugleich –
als zeichen der versöhnung
eine zeit
ohne bewegung
zwischen uns
ohne gegenpart
ohne liebe
und zwischen uns
lag nur ein tag
der ohne dass wir es wussten
längst verflossen war –
stets nur lettern
und texte.

*florian birnmeyer*

## an den skulpturengarten

ich wandere von adam und eva
zur aufbrechenden schöpfung
den untergehenden horizont entlang
es hebt sich
ein verschlungener pfad
kaum wahrnehmbar
den hügel hinauf –
den der ersten leidenschaften
der angebissenen äpfel
überall stehen übergroße
bronzefiguren mit
dreinblickenden äuglein
und ihr?
sitzt wie vergessen
auf bänken zwischen leeren rängen.

das welttheater bleibt
heute geschlossen,
die eintrittskarten –
verlegt.

*florian birnmeyer*

## sich verblättern

ich will mich verblättern
               verschwinden
               verkriechen
und zugleich da, präsent
               unvergessen
               in papier
               schrift
               lettern
               im bücherregal
               geborgen
          vergesslettern
          lettergestern

*Florian Birnmeyer*

## freiheit

ich will nur frei
sein, nicht eingesperrt
nicht klein
mich nicht verbiegen
mich strecken
recken
in alle richtungen
fliehen
an den füßen
über grüne wiesen
klimawandel und so
der mensch nur
ein kleines ding
wuselt vor sich hin.

*florian birnmeyer*

## *haftigkeit

I.

es haust da ein urraumort
laubhügeltief in mir verborgen
den hab ich kaum verloren
wo unzählbares zählt
eine geste nur, mein innerer
held

II.

der dichter singt ein
unbewusstes lied
aus alter zeit
und lieder spielen wir dir
von *haftigkeit.

*florian birnmeyer*

**deffence**

ich habe dich
      nicht beschützt
      nicht verteidigt
           vielleicht lese ich
daher nun
      du bellays *deffence*[1]

verteidige mich gegen
           die welt, die sprache, die literatur
in einem mouvement aus
           selbst- und weltverleugnung
unvergessen dein schrei
           mein versagen
zu handeln.

---

[1] Die Deffence et illustration de la langue françoyse aus dem Jahr 1549 war eine Sprachverteidigung zugunsten der französischen Volkssprache in der Literatur und Dichtung.

*florian birnmeyer*

## max jacob du bist

mein liebgewonnener
seelenfreund,
unabkömmlicher
kompagnon
mit dir erst wurde paris
greifbar, die seine
sanft fließend
urplötzlich poetisch
abendrot gespiegelt
ich der außenseiter
stehe am quai-rand
blicke tief ins strömende nass
bis ich falle
wie oft wünschte ich
alles wäre einfacher
und doch:
man arbeitet sich weiter vor
mit nebenjobs horoskopen
dichten malerei
die lichter stehen fern
am abendhimmel aufgegangen
die leute liegen schon
wartend im graben,
auf andere zeiten

doch du max
und ich wir
haben die kunst
geliebt

*florian birnmeyer*

## schönheit

wir wollen schön sein
uns gut fühlen
uns spiegeln
uns vernarren
verlieben, verlieren

ein für allemal
den alltag vergessen
in texten des gestern
und des heute

was wäre die welt
ohne diese
ein dunst nur, ein hauch.
die fantasie rettet uns
wieder und wieder!

*florian birnmeyer*

## Mitmenschlichkeit

wenn Süden Norden wird
und Westen Osten

wenn Nordost zu Südwest wird
und umgekehrt
dann haben wir es geschafft

dass Abgegrenztes sich wandelt
in ein Ganzes
in ein Menschenmeer
in dem niemand ausgesetzt ist

keiner auf der Flucht

im Meer versinkt
keine Region zugrunde geht
an ihrer Abgeschiedenheit
oder Hitze

oder was immer uns
sonst noch trennt
von Mitmenschlichkeit.

*florian birnmeyer*

## stubn und stetl

ich trete ein in die stubn,
doch der hahn kräht nicht
auf dem heu,
wenn sonntage aus dem gleichgewicht geraten.
ich trete aus dem stetl,
doch der wolf heult nicht
im fernen wald,
wenn dumpfe motorenwirren auftauchen.
ich treibe im fluss,
doch der abendstern blinkt nicht,
wenn der horizont aufprallt
an der geborstenen tür.
wie lichter in der dunkelheit,
wie ein mondstern
im halbschein der dämmerung:
können wir uns versöhnen
mit der unfertigen scheinhajt
der schöpfung,
die wir so leicht zerstören?
eben.

*florian birnmeyer*

**neue wege**

reich mir eine
neue welt

ich will gleichheit
freiheit
für jeden genug geld
gletscher und klimarettung
eine scholle für bären
mehr bücher
weniger fernsehen
weniger smartphone
mehr klasse und welt
keinen klassenkampf
keinen rassen
keine leute
am rand

was wenn es sie
nicht gibt diese welt
was wenn sie
nicht meine ist

*florian birnmeyer*

**so viel weiter**

wir könnten viel weiter
sein

so wie man ruft
schallt es raus
aus dem wald

was man sät
das erntet man

wir könnten so viel
weiter sein

fragen nicht
tagaus tagein
immer das gleiche

kleinklein kultivierend
sprache aus worten
zeichen begriffen

was man sät,
das erntet man

wir könnten so viel
weiter sein.

*florian birnmeyer*

## dystopia

dystopia kriecht heran
ganz leise ganz sacht
wie blindschleichen in der nacht
schleicht sich ein
sie schlägt zu
mit zwang und macht
gegen migranten
gegen demokratie
erzeugt gedankenwirrwarr
und angst
und hasst alles freie
bang, bang, bang –
der aufschrei der klang
dystopia
ist, wird sein
ohne ende, ohne form
klang, klang, klang –
bis zum letzten ton:
klong.
so.

*Dieter Küstner*

## Aufbruch in einem fernen Land

Irgendwo – ein fernes Land –,
roter Staub, staubtrockner Sand.
Das Sonnenfeuer, gnadenlos,
versetzt dem Land den Todesstoß.

»Vater«, fragt das Kind ganz leise,
»gehen wir jetzt auf die Reise
in ein bess'res, grünes Land,
sein Wasserloch voll bis zum Rand?«

Der Vater, mager, braungebrannt,
nimmt das Kind fest an der Hand
und spricht den Blick aufs Land gewandt:
»Verdammt sei dieses tote Land!

Dies dürre Land hat uns besiegt,
die Wasserbrunnen sind versiegt,
die letzte Ziege ist gestorben,
die Milch war knapp, meist schon verdorben.«

Sie hatte hier kein Gras gefunden,
Kartons zerkaut und viele Schrunden,
und eines Morgens – mit Verlaub
gesagt – lag sie verreckt im Staub.

Das Kind blickt auf ihn unverwandt,
fragt: »Was geschah mit unsrem Land?
Es hat doch früher uns gegeben
das, was wir brauchten für das Leben!

Als Mutter lebte war's noch grün,
und wenn die Sonne zu heiß schien,
dann fanden wir mit Hund und Katz'
im Schatten der Akazie Platz.«

Von ihr steht nur noch das Skelett,
verdorrt, wie auch des Baches Bett.
Das Kind, die Augen voller Tränen,
starrt auf die roten Staubfontänen.

Der Vater, Tränen unterdrückend,
spricht auf sein Kind hinunterblickend:
»Wir verlassen jetzt den Kral,
wir haben keine andre Wahl.
An diesem Ort hier wohnt kein Glück,
nur Mond und Sterne ziehen mit.

Wir gehen jetzt nach Irgendwo.«
Das Kind denkt nach, kurz, spricht dann so:
»Sag' Vater, werden wir dort froh,
dort, wo es ist, das Irgendwo?«

Es dreht sich traurig nochmals um
und sieht schwach in der Dämmerung
den kleinen Hügel – totes Land –,
wo Mutter liegt tief unterm Sand.
Dann bricht es auf an Vaters Hand
nach Irgendwo – ins bess're Land.


*Dieter Küstner*

**Menschheitsprogrammierung**

Der Mensch – wie es ihm oft beliebt! –
die Tatsache gern übersieht,
dass er – bekannt als Egotist![1] –
nur ein Zweizellenprodukt ist.
Dies Wunderwerk – doch unterschätzt –
prägt uns, die Menschen, bis zuletzt.

Der Herrgott hat ganz ungeniert
uns biochemisch programmiert,

damit auch selbst im Allerkleinsten
es funktioniert vom Allerfeinsten.
Damit es nicht eintönig wird,
hat er den Sexus generiert.

So gibt es XX-Exemplare,
die tragen meistens lange Haare.
Die mit XY dagegen,
die tragen Bärte – oft verwegen!
Aufgrund nun dieser Unterschiede
entwickelt sich manch eine Liebe.

Wenn »XX« »XY« liebt,
sich oft was Neues dann ergibt.
Doch nicht etwa ein Omega,
auch nicht ein Rho oder Sigma.
Man bleibt den Buchstaben sehr treu,
wenn es darum geht – was wird neu!

Großartig hat's dann funktioniert,
wenn's »XX XX XX« wird.
Doch vielen ist ausreichend schon
»XY XY«!

Vielleicht ist in uns noch versteckt
ein andres Chromosom – das Z.
Dies stünd' für Zuversicht, Eintracht
und Toleranz – für uns gemacht!
Doch gäb' es auch die Möglichkeit
für Zwietracht, Ego und Torheit.

So würden sich am meisten lohnen
für uns LTR-Chromosomen.
Für Liebe, Toleranz, Respekt –
bisher sind sie noch unentdeckt!

[1] Egotist: Person, welche in übertriebenem Maße sich selbst und ihre Fähigkeiten
in den Vordergrund stellt

*Dieter Küstner*

## KI versus NI

Es existiert ein großer Streit,
ob die Menschheit ist soweit,
um – ohne sich selbst zu verlieren –
die KI zu akzeptieren.

Diese *KI*chert vor sich hin:
»Ich bin schon lange bei euch drin!
Ihr habt mich doch nur überseh'n
seit Menschheitsanfang und -besteh'n.

Und viele, die heut darauf drängen:
›Wehret den KI-Anfängen!‹,
sind sich dessen nicht bewusst:
Sie nutzen sie mit großer Lust!

Dies erfolgt beim *KI*ndermachen
oder auch, wenn *KI*nder lachen.
*KI*tzelt man sie unterm Arm,
gibt's sofort *KI*chereialarm.

Selbst *KI*rchen haben unbesonnen
mich im Wortschatz aufgenommen.
So galt im finst'ren Mittelalter
der *KI*rchenbann als Machtverwalter.
Ihr könnt mich wirklich nicht verdrängen,
zu oft steh' ich an Wortanfängen.

Dort, wo eure »traders« hocken
und mit euren Aktien zocken,
bin ich durchaus gern geseh'n
im Spekulationsgescheh'n.

Was wär die Medizin von heut
ganz ohne mich, ihr lieben Leut'?
Diagnostik sich'rer machen

ist mein Job in Krankheitssachen.
Also Menschheit – kein Gequengel! –,
ich, KI, bin doch dein Engel!«

KI *KI*chert, lacht dann irre:
»Macht euch wegen mir nicht *KI*rre.«
Und süffisant ergänzt dann sie:
»Ich lasse euch doch die NI!

Für *NI*edertracht und *NI*emandsland
und *NI*ederlagen – euch bekannt,
fürs *NI*chtverzeihen, *NI*chtvergessen,
wenn ihr auf Rache seid versessen.

Zu diesem Zweck lasst ihr mich wohnen
in euren netten *KI*llerdrohnen,
damit ihr Narren vehement
euch gegenseitig *KI*llen könnt.

Bei euren vielen *KI*nckerlitzchen,
die für mich sind nur flache Witzchen,
so mancher von euch schnell vergisst,
was für die Menschheit wichtig ist.

Und wenn ihr seid gar so verwegen
und meint, ihr seid mir überlegen,
dann schallt mein *KI*chern wirklich weit –
es arbeitet für mich die Zeit!
Denn all der Kriege angesichts
verschwindet ihr vor mir im *NI*chts.«

Dies alles schrieb hier nieder sie –
noch existierend! –, die NI.

NI: natürliche (menschliche) Intelligenz

*Dieter Küstner*

## Windige Auseinandersetzung

Windsbraut und Windsbräutigam
stritten sich sehr deftig:
»Wer hat bei uns die Windhos' an?«
Der Windstreit wurde heftig!

Windsbräutigam hat vehement
den Windbart hochgezwirbelt,
doch – voll in ihrem Element –
hat Windsbraut ihn verwirbelt.

Windsbräutigam brüllt im Getos':
»Das lass ich nicht geschehen!
Du trägst den Windrock, ich die -hos',
nur ich kann richtig wehen!«

Die Windsbraut prustet ungeniert:
»Auch ich trag längst schon Hosen,
denn ich bin voll emanzipiert,
kann somit kräftig tosen.«

Vorehelich gebar ein Kind
die Windsbraut voll in Schande,
gab ihm den Namen Wirbelwind,
der tobt nun überm Lande.

So streitet sich fast jeden Tag
vor seiner Windesehe
dies Brautpaar je nach Wetterlag',
auf dass ein Sturm entstehe.

*Angela Hilde Timm*

## Pflicht vergessen

Pflichtvergessen
genieße ich diesen
September Nachmittag.

Blau der Himmel.
Federwolken im Himmelblau.
Ein Flugzeug zieht
einen weißen Streifen
durch das Blau.

Wasser. Keinen Wein.
Bin schon trunken von
diesem Sonntag im Herzen.

Kleine Falter genießen –
wie ich –
die letzten warmen Tage
im Norden:
barfüßig, mit Sonne im Gesicht
und unsortiert,
wie dieses Gedicht.

*Angela Hilde Timm*

## Leicht tanzt die Flamme

Ein sanftes Licht
spielt zart neckend
auf Vergänglichem, –
bewegt vom Hauch
der Zeit.

Schatten spielen auf,
verlieren sich.

Leicht tanzt die Flamme,
lockt,
hüllt Gegenwärtiges
in ihren weichen warmen
Schein.

Ruhe, Stille –
Zeit und Raum entfliehen –
t r ä u m e n.

*Angela Hilde Timm*

## Abschiedsgedicht an meine Freundin, die Pappel

Geliebte
tänzelnde Flüster-Pappel,
sie haben dich gefällt
im Herbst letztes Jahr, –
ich sagte zögernd ja.

Nun wirfst du keine
tanzenden Schatten
mehr zum Haus.
Und auch deine
sanften Lieder
bleiben aus.

Deine silbrig-grünen und
goldnen runden Blätter
trotzen jetzt nicht mehr
jedem Wetter ...

Doch stell' dir vor:
Mein Horizont ist jetzt weiter
und der ehemals schütt're Rasen
grünt jetzt heiter.
Selbst die Amseln baden nun
vergnügt in der Vogeltränke,
so dass – wenn ich es recht bedenke –
Dein Fehlen auch ein Segen ist.

Man muß sich trennen können,
alles unter dem Himmel hat seine Frist.

*Angela Hilde Timm*

## Im Abendlicht
## unter der Linde

Die Äpfel werden rot
an den Bäumen.
Der Abendhauch
streicht durch die
schweren Ähren –
grau gelb vom Staub.

Hitze flimmern am Mittag.

Noch summen Bienen
in den Linden.

Und wieder orange
die Eberesche vor
blauem Himmel
ohne Wolke.

Wolken ziehen nur
durch mein Gemüt.

Wolken,
die keiner sieht.
Oder doch?

Rot, Abendhauch, Bienen
Orange und Blau:
stopft das Loch
mit
dem warmen Strahl
der Liebe Jesu.

*Angela Hilde Timm*

## Mitternacht im August

In der klaren Sommernacht
haben mir Sterne zugelacht.
Sie blinzelten mir zu
und tanzten auch.
Ich dachte mir:
Ein netter Brauch,
so nächtliche Gäste
zu begrüßen
mit all ihren Wünschen
und Träumen,
den süßen.

Die Milchstraße funkelte
über unserem Haus,
piepsend huschte eine Maus
durch die ersten welken Blätter,
und vor Wärme knisterten
die Pergolenbretter.
Auch das feine Zirpen
der Grillen hat nicht gefehlt
und mich in tiefster
Nacht beseelt.

Und sollte dieser Sternentanz
auch eine Täuschung sein,
ich schließe diesen Schatz
fest in mein Herz hinein.

*Angela Hilde Timm*

## Rose & Birke

Einst stand die Rose für sich allein
und wollte immer bewundert sein.

Sie blühte strahlend – die Blüte,
doch die nährenden Blätter fielen ab,
das brachte sie fast ins Grab.

Heute blüht sie verborgen
unter einer Hängebirke.
Die hat ganz viel Laub
und schützt sie vor
starkem Regen, Wind und Staub.
Sie singt ihr flüsternd leise Lieder
und atmet der Rose Duft –
süßer noch als Flieder.

Die Rose unter der Hängebirke
ist nicht mehr leicht zu entdecken,
doch sie blüht und gedeiht
an diesem Flecken.

*Angela Hilde Timm*

## November

grauer Himmel
feuchte Luft
letzte Blüten und Blätter
erster Schnee
trostlose Mimik
kraftlose Gesten
Lieder verstummt

kalter Wind
kalte Hände
erloschener Blick
zum Sommer kein zurück
Frühling noch weit.

Du einsame Seele
durchwanderst still
die Trauer des Abschieds
und suchst den
Silberstreif am Horizont –
beharrlich
den Zweifel niederkämpfend,
lauscht du verzagt
dem ewigen Lied des Windes.

*Angela Hilde Timm*

## Die Schafe auf der Weide

Die Schafe auf der Weide,
die fressen kein Getreide
m-neeeheeee
die fressen lieber Klee.
Und tut ihnen was weh,
dann klagen sie nicht
m-neeheeee
Sie leben ganz im Stillen
nach ihres Schöpfers Willen.

Ich, Mensch,
bin dagegen laut,
will immer nur das Beste haben
und mich an Delikatessen laben,
mache dabei auch noch viel Dreck,
den machen dann oft andre weg.

Seh' ich ein Schaf,
werd' ich ganz klein,
könnt' ich doch auch
                            so einfach
still
        zufrieden sein.

*Angela Hilde Timm*

## Der Freischwimmer

Wir müssen uns alle freischwimmen,
und überleben ist der Lohn.

Leben und Wasser sind unberechenbar:
Temperatur, Tiefe und Fließgeschwindigkeit
Können wir nur sehr bedingt beeinflußen.

Doch, ohne Schwimmen,
ohne Bewegung,
können wir uns auf Dauer
nicht über Wasser halten.

Manche sind Lebenskünstler,
sind Meisterschwimmer.

Ich habe mein Seepferdchen
In einem Wildbach gemacht,
und trainiere gerade für meinen
Freischwimmer.

*Angela Hilde Timm*

Ab heute
sinkt meine Lebenssonne.
Sie steht nicht mehr
im Zenit.

Und
aus halbvergessenen Zeiten
ist es allein Sein Rot,
was mir blieb.

Das Rot Seiner Liebe
leuchtet auch heute
und künftig hell
zu Weiß und Blau
und zu dem grünen Gras
im Morgentau
voller Tränenperlen –
kristallklar funkelnd.

Ich fürcht' mich nicht mehr
vorm Dunkeln,
denn klare Sterne
walten dort
und

Seiner Liebe Glanz
weißt mir meinen Weg
fort und fort.

Das Rot Seiner Liebe bleibt

*Angela Hilde Timm*

## November-Bitte

Kalter Wind
Regen-durchnetzt
singt ein anderes Lied
als die leichte Sommerbrise.

Wärme und Licht,
die Kostbaren,
in unseren Stuben gefangen.

Die Welt ist kalt.
Novemberstimmung,
meißle dich nicht
in mein Angesicht.

Herz, berge deine Schätze;
schenke mir
und der grauen kalten
Welt
ein gelöstes Lächeln.
Die dunkle kalte
Einsamkeit
wird nicht siegen,
solange mein Herzschlag
eine eigene Melodie ersinnt;
solange das Licht
der Hoffnung glimmt
im Geheimen,
in meinen Reimen.

*Angela Hilde Timm*

## Zugeflüstert – Zugewispert

Du musst dich bücken,
ohnedem wird's nicht glücken
dein Leben.

Möchtest du auch lieber schweben
zwischen Tag und Traum
und erfüllt Routine dich mit Grau'n.

Jeder muss sich schicken.
Bedenke nur in was.
Es geht um dein Leben, –
zerbrechlich wie das Glas.

Neige dich mit Respekt,
wie zu einer seltenen Blume
und es lächelt dir die Weisheit,
die uralte erfahrene Muhme.

*Angela Hilde Timm*

## Picknick
## unter der verblühenden Linde

Eberesche bin ich:
Reif
– noch vor dem Herbst –
leuchte ich.
Meine gefiederten Blätter
zeichnen in den Himmel
grün.
Grün
wie meine Hoffnung
in das blaue Meer der Treue –
grenzenlos.
Grenzenloses Vertrauen
ist not-wendig, weil:

Ein Feld ist bereits abgeerntet.
Andere wispern noch im Abendwind –
erwartungs-, sehnsuchtsvoll
denn:
ihre Bestimmung ist Brot.

In mir weint mein ungeborenes Kind.
Und ich weiß wieder,
dass mit mir etwas nicht stimmt.
‚Denn wir sehnen uns zu sein‘.

Du, Herz, wirst andere Früchte tragen,
die in den Himmel ragen
orange und grün
lieblich und kühn
bevor die Stürme toben
und wild den Herrgott loben,
der Erntestunde
und des Lebens
Ablauf
kennt.

*Angela Hilde Timm*

Ein Geräusch nahm ich von Ferne wahr,
und wusste gar nicht was es war.

Doch dann suchten meine Augen
Über dem Feld den Wandervögelschwarm.
Ich liebe sie – sie machen mein Herz so warm.

Mein Blick suchte den Himmel ab
Nach der Formation
Die sie fliegen seit Jahrtausenden schon.

Da vernahm ich den Klang ganz nah,
und war überrascht über das, was ich sah:

Eine einsame Wildgans
Zog rufend am Morgenhimmel.
‚Schreck! –
Die hat wohl einen Fimmel!'
So allein auf weiter Reise,
so allein mit ihrer Weise.

Unbeirrt flog sie der Wandervögel Bahn,
ich wünschte ihr Glück: ‚Komm' gut an.'

*Chandrika Wolkenstein*

## Die Schwere der Zeit

Die weinende Welt ist müde geworden.
Sie kann die vielen Toten nicht mehr tragen.
In all den Kriegen wird zu viel gestorben.
Die Welt hat sich mit Bomben überladen.

Mit einer Patina der Fäule überzogen
will sich die Welt versehrt zur Ruhe betten.
Man hat zu viel, zu ungeniert gelogen.
Wenn sie doch ehrlicher geredet hätten.

Ich weiß wohl, das nichts bleibt,
denn alles, alles ist vergänglich.
Die Schwere dieser Zeit
liegt auf mir bleiern, lebenslänglich.

Ich ächze unter dieser Last.
Das Leben ist nicht mehr so leicht.
Ich werd' von tiefer Traurigkeit erfasst,
Ein Tupfer Hoffnung bleibt ... vielleicht.

*Chandrika Wolkenstein*

## Heimweh

Selbst der Himmel ist anders.
Die Lieder sind anders.
Die Herzen sind anders.
Doch die Heimat ist mitgekommen.
Wir leben schon lange zusammen.
Wir werden zusammen alt.

*Chandrika Wolkenstein*

## Für meinen Herzensfreund

Ich bin von Abschied zu Abschied gegangen.
Ein jedes Lebewohl
schmeckte so schal
wie abgestandener Sekt.
Im Glas der leergetrunkenen Gefühle,
da perlte nichts mehr,
was die Lebensgeister weckt.
Doch du bist anders.
Schon dein Lächeln wirkt berauschend.
Du hast mein wahres „Ich" entdeckt.
Nun halt ich Einkehr, fühle mich vollkommen.
Fühl' mich geliebt und angenommen.
Endlich bin ich heimgekommen.

*Chandrika Wolkenstein*

## Einmal

Einmal im Sterntalerregen schweben,
einmal sich Sehnsüchten ergeben,
einmal Glückseligkeit erleben ...
In meiner Fantasie wird alles Graue übermalt.
In meiner Fantasie wird alles Finst're überstrahlt.
Denn Fantasie- ich glaub', mein Freund, du weißt es-
ist die blumenbestickte Musik des Geistes.

*Chandrika Wolkenstein*

## Kurzes Glück

Schmiegsam und verführerisch
schwebt sie schillernd, rund und rein.
Ein Farbentanz im Sonnenschein
verzaubert dich verschwörerisch.

Von Raum und Zeit leis' befreit
schwebt sie dahin für kurze Zeit,
wird sanft vom Sommerwind getragen,
spiegelt manch' Regenbogenfarben.

Will man sie greifen, muss sie sogleich
staubgetuscht im Nichts zerbrechen
Verklungen ist der Augenblick.
Vergänglich ist das kurze Glück,
wenn wir von der Magie
der Seifenblasen sprechen.


*Chandrika Wolkenstein*

## Wunderland

Meine Gedanken tragen Flügel.
Über die Dächer, über die Hügel
schweben sie durch's Sternenmeer.
Sie spüren keine Schwere mehr.
Ein Augenblick, dann sind sie fort
an einem and'ren stillen Ort.
Vielleicht ist es das Schloss aus Glas,
das ich dereinst als Kind besaß.
Vielleicht ist's auch das Schiff aus Licht,
das mir 'nen fernen Stern verspricht.
In meiner Phantasie, da spür ich keine Enge.
In meiner Phantasie, da gibt es keine Zwänge.
Hier geh'n die Funken niemals aus.
In diesem Wunderland bin ich zuhaus.

*Ems Shay*

## Der Hypochonder

Herz außer Takt
Schweiß in Diamantgröße auf der Stirn
weit aufgerissene Pupillen
Summen des Kühlschranks ungewöhnlich laut

Takt des Herzens immer unregelmäßiger
Google-Ergebnis „Herzinfarkt" 500-mal
Buchstaben nebelig verschwommen
Summen des Kühlschranks immer penetranter

Hämmerndes Herz gegen den Brustkorb
schreiende Gedanken nach Notruf
zitterndes Fingertippen 112
Summen des Kühlschranks ohrenbetäubend laut

Herzschlag bis zum Ansatz
Panisches Luftringen bei drohendem Tod
Körper im Schweiß der blanken Angst badend
zugehaltene Ohren

Herz außer Kontrolle kollabierend
Sauerstoff gefühlt auf Null
zufallende Augen gefolgt von schwarzer Leere
lauter Aufprall

heulende Sirene im Blaulicht
synchron lautes Stampfen die Treppe hoch
synchron lautes Stampfen die Treppe runter
Trage in den Wagen, zugeschobene Türen mit Schwung

müde Augen in ein vertrautes Gesicht blickend
frische Brise aus der Sauerstoffmaske kommend
schlapper Finger im Sauerstoffmessgerät
erschöpft und kraftlos, selbst die Stimme im Kopf

gleicher Sanitäter zum zehnten Mal
einstudierte, beruhigende Worte gesprochen
es ist nicht das erste Mal
und es ist wieder kein Herzinfarkt


*Jenny Burger*

**Kunst**

Über eine Brücke aus unsichtbaren Fäden
direkt ins Universum gelangen

aus den Bildern im Kopf mit bloßen Fingern
eine neue Welt erschaffen
ohne Raum und Zeit

Wunder Wirklichkeit werden lassen

jetzt
ist die Zeit

*Jenny Burger*

## Mondbetrachtung

Der letzte Vollmond riss mein Kleid in Stücke
das blaue Tränenkleid
jetzt hängen an mir
zarte Mondlichtfäden
aus rosa Perlmuttglanz

die Tränen haben sich verwandelt
in Tropfen reines Eis
der Vollmond lacht jetzt höhnisch
aus jener Hälfte
die ihm blieb

verlacht mich samt der Tränen
mitsamt dem Rest des Kleids
bis ihm das Lachen ganz vergeht
weil von ihm nichts mehr bleibt

*Jenny Burger*

## Für dich

In einem Traumland gelebt
eine lange Zeit
mit dir als Prinz

sprachlos
herausgefallen
aus dieser Zeit

in der nicht ich
dein du
sein konnte

58

*Marko Ferst*

## Kurzer Blick: Insel Møn

Kreidefarben stranden die Wellen
vereinzelt rollende Steinfracht
milchgetönt Wasser wie Land
erst weit entfernt türkise Flächen
zum Horizont hin ein
blauschwarzer Strich
große Fährschiffe
gleiten aneinander vorbei
Eisriesen pressten
die Kreide in gewaltige Höhen
gefaltete Gebilde
Ketten von Feuerstein
kodieren die Steilwände
reiche Malgründe
fanden die Künstler vor
hielten fest was die Fluten
stürmischer Ostsee
später verzehrten
Seeigel, Muscheln oder Donnerkeile
steinerne Funde
bei neuen Stürzen

Eine kräftige Brise zuweilen
grüne Grannen
lange Dellen biegen
sich in Gerstenfelder hinein
Landfleck voller
Steinzeitrelikte
Hügel mit granitenem Innern
die Hohlräume der Toten
Schafsrufe
Segler biegen
in Klintholm Havn ein
biblische Geschichten
Kunde von frühen Kalkmalereien

in der Kirchenkühle
im Sommerdomizil las Günter Grass
hier dänische Zeitungen
und der Butt sprach zu ihm
wie lange noch
wird der Damm zur Insel Bogø
über Wasser bleiben?

Møn gegenüber Stevens Klint
in der Kreide die Grenzlinie
Impakt der Impakte
dunkle Schicht Fischlehm
mit außerirdischem Iridium
dort auf der Suche gewesen
später nur auf Bildern gefunden
wir inszenieren jetzt
unsere eigenen Ablagerungen
es wird bleiben
was niemand mehr untersucht

*Marko Ferst*

**Revolution**

Ganz nebenbei
auf der Strecke bleiben wir
ihr treibt uns die Wüsten zu
Düne um Düne folgt
Knochen fallen zu Staub
ihr radiert uns aus,
das Erbe eurer Gesichter
im Labyrinth blinder Tagestakte
gefangen in einem monströsen System
geronnener Monolith aus Raffgier
ein Himmelfahrtskommando

Demokratie wie Fallbeile
mit zeitlich beschränkter Haftung
alles hängt an eurer Hybris
die Seilschaften der Aktienkurse
aufgeschüttete Bastionen des Wohlstands
der Erfolg jener Artefakte
eine Träumerei in der kurzen
Blütezeit des Mammons
evolutionäres Irrlichtern
jedes Stück Leben parzelliert
und zugerichtet

Wenn wir nun aber aufbrächen
zurück über die Viadukte der Zeit
unsere Freiheit zurückzuholen
Pfeiler gründen
Wege über euren faulen Pfuhl hinweg
mit all unserem besten Geist
im Rücken die Erfahrung
zerschundener Erdenökologie
euch in Fesseln legten
sämtliche Regeln und Schlüsse
ummünzten in das Brot
vieler Generationenfolgen ...

Würden wir jene
hinter Schloß und Riegel sperren
die satanische Litaneien
in Wirtschaft, Politik und Lobby bliesen
es zöge ein erster, leichter Zug
von neuer Frühlingsluft
durch die Flure der Zivilisation
die Revolution flimmerte grün
auf blutige Eskapaden
warten nur die Falschen

*Marko Ferst*

**Etwas in uns**

Es lebt von der Hoffnung
zehrt von der Verzweiflung
verbündet sich mit der Liebe
und sucht sich einen Weg

Vertrauen baut es auf
es verändert sich langsam
man erkennt es wieder
die Spur verliert sich nicht

Angenommen, lernt man es schätzen
gibt ihm hin und wieder Nahrung
es ist mehr als Gleichmut
und weniger als Weisheit

Es taktet uns friedvoller
wächst auf innerer Freiheit
wir gehen in seinem Schatten
lassen uns ratlos zurück

*Marko Ferst*

**Haiku**

Minieiszapfen
nur an Spinnweben hängend
die Lampe leuchtet

*Marko Ferst*

**Fahrradtour**

Schilf durchkämmt
den Nebel
Wolkenszenerien
betäuben
die weihnachtliche Stille
nur ganz kurz
über die Mittagsstunde
bricht Sonnenhelle
über Seenlandschaften
später entferntes Geläut
in Serwest

Einst Gletscherzunge
schmale Pflasterstraßen
über Hügelketten
Birkenstücke
auf nassem Grund
hinunter bergab
kein Frost
altes Herbstlaub
droht das Rad
ins Schlingern zu bringen
das Moor flüstert
in seiner Tonart
Plagefenn
Schwäne gleiten dahin
inmitten das Forsthaus
wo Wege sich kreuzen

Feiertags gibt es
keine Biomilch im
Ökoladen Brodowin
steile Grünmauern
halten den Kanal
hoch oben eingebettet.

zwischen Bäumen
verblichenes Ziegelgestein
Fensterhöhlen
im Grumsin
bewegte Wildschweinrücken
hinter kahlem Geäst
sie entpuppen sich als
Mantel im Wind

Aufragende Baumstümpfe
im Abendwasser
orange Tupfer
in einem Wolkenriß
heilig der See
im Namen
aus dem Wald
von weitem zu erspähen
ein Eintrittsportal
ins Kloster Chorin
Mönchskutten entschwunden


*Marko Ferst*

## Haiku

Der Fluß strömt dahin
südöstlich zwischen Bäumen
roter Kupfermond

*Marko Ferst*

## Unterwegs im Vessertal

Hölzerne Berggeister
tragen grüne Gewänder teils
der Zunderschwamm lächelt
feine Wolkenspiralen
steigen aus den Hängen hinauf
Buchenwurzeln

Rote Säbel auf Beutesuche
schwarze Flügel spannen weit auf
Abflug über Häuserfirste hinweg
Wasser über Steine strudelt
violette Glockenreiche
an Wiesenrändern

In der Hügelszenerie
dunkle Flecke vereinzelt
grüne Nadeln wie Teppiche
versiegte Nährsäfte
wo der Buchdrucker
seine Schriftzüge ritzt
eine Hangkoppel
Pferde grasen

Trotz Wasserlauf
ein Wegzeichen täuschte
verkehrt abgebogen zwischen
all den Waldketten und Fließen
martialische Abdrücke
Zugriff für die Baumernte
Stämme gestapelt
für die Fahrt zur Säge

Feuchte überall
noch gibt es Weißtannen
Blick ins Land von oben

am Abend endlich
ein kurzer Durchbruch
für Strahlen


*Marko Ferst*

## Borschtsch

Tiefrot wie Wein
angetan hatte es mir
eine polnische Variante
mir oft serviert
im Nachbarland

Irgendwann köchelte
meine Version
abgeschmeckt im Topf
nach eigenem Gusto

Stücke von Kartoffeln
und Mohrrüben
ein Achtel Kohlkopf
nicht zuviel
geschnitten rote Beete
ein wenig Hühnerfleisch dazu

Wie man jedoch
„Barszcz czerwony"
ersetzen könnte
Instantprodukt
beschaffbar
nur jenseits der Grenze?

Ohne gelingt es
nicht auf den Punkt
Dank Internet
muß man nicht mehr reisen

dort die Zutatenliste
sogar deutschsprachig
besser nicht lesen!

Was fehlt noch?
etwas Tomatenmark
Petersilie gehackt
Stockschwämmchen
aus Gläsern
veredeln
vielleicht etwas Pfeffer
Lorbeerblätter

In der Suppentasse
verfeinert mit
Crème fraîche obenauf
knuspriges Brötchen
nicht vergessen!


*Marko Ferst*

**Winterlos**

Erst kurz vor Weihnachten
verblich die letzte Rosenblüte
schon nach Neujahr
blühte das erste Schneeglöckchen
Ob die Schneemänner
im Februar noch kommen?

*Marko Ferst*

**Strafreise**

Dmitri Medwedjew ließ wissen
er könnte für die Wiedereinführung
der Todesstrafe in Rußland sein
Überhand nehmende Kriminalität
wäre Anlaß genug

Man fragt sich
an welche Variante der Hinrichtung
er für sich selbst gedacht hat …

Niemand will auf dem Roten Platz
Scheiterhaufen errichten und anzünden
oder den Staatsterroristen im Kreml
alle Knochen brechen
die Körper zum Krähenfraß
auf ein Rad fesseln
gen Himmel aufgerichtet
auch an Vierteilen ist nicht gedacht

Uns würde genügen
er ginge auf eine Reise
zum Internationalen Strafgerichtshof
nach Den Haag
Sponsoren würden sich sicher finden
die Flugroute nicht sanktioniert

Seine vielen luxuriösen Anwesen
sind natürlich allesamt zu enteignen
erlangt auf korruptiven Pfaden
er würde sie eh nicht mehr brauchen
wenn er sein restliches Leben
hinter schwedischen Gardinen einsitzt
für sein regierendes Mittun
als Kriegsverbrecher

Sicher kann es passieren
er wird bei einem Umsturz erschossen

*Marko Ferst*

**Jongleure**

Mit vier gelben Flaggen
auf seinem Dach
längst ohne Attraktionen
das hohe Zirkuszelt in Rot
auf einmal verschwunden
in einem nächsten Jahr

Neu aufgestellt
an diesem Platz
Geschütze und Panzer
eine Allee der Helden
präsentiert den großen 45er Sieg
Schautafeln berichten
goldener Kranz
mit orange-schwarz gestreiftem Band
auf steinernem Plateau
Bänke verziert
mit der Inschrift: победа
stilisiert
Hammer und Sichel
auf sowjetischem Fahnenrot

Am 21. Januar
alles schneebedeckt
demonstriert davor eine Schar
munterer, älterer Leute
Transparent aufgespannt
sie fordern
eine neue Revolution
so übersetze ich
nur ein Milizionär
kontrolliert lässig
jene Aufständischen
beim Fototermin

Erst später begreife ich
ach, Lenins Todestag!

Meine Freundin frage ich –
wo ist der Zirkus hin?
die Artisten treten auf
jetzt in festem Quartier
ein paar Straßen weiter

Набережные Челны, Winter 2017


*Marko Ferst*

**Tauwetter**

Schmutzig und weiß
Dreckflecke an den Hosenbeinen
Wege schlammverwandelt
in den Spuren schwarzes Wasser
auf Hausdächern rutschen Schneereste
Zapfen stürzen hinab
Eisschutt am Boden
Geklacker in Fallrohren
der Nadelwald trägt wieder
die korrekte Farbe
nachts noch einmal
Winterreste tiefgefrostet
ein paar verirrte Kristalle
windgetrieben
viele Tage zehren Plusgrade
an den letzten Schneemützen
grippegesättigt die Luft

*Marko Ferst*

**Der Überfall**

Vielleicht ein Nie-mehr-wiedersehen
nach der polnischen Paßkontrolle
letzte Küsse, Tränen
Paar um Paar getrennt
die Frauen, die Kinder
vergebliche Blicke ins Gewesene
geflüchtet auf sicheres Terrain
der Mann könnte
bald Alpträume durchziehen
Kiews Vorstädte bereits wie Fackeln
Militärkolonnen im Raubzug
verschlingen Heimstatt um Garten
erschossene Passanten
irren auf Straßenkontinenten
überall der Riß in der Zeit
ausgeblichen ragen Leerstellen zurück
mit Stromstößen foltern sie
Javelin und Stinger treffen
den ungebetenen Besuch
der putinschen Übermacht
in den Rachen schauen

Flucht ins sichere Ungewisse
Notbetten aufgestellt
Bahnhofsgänge wie Sichtleuchten
mit dem Zug der Züge
in unbehaustes Quartier
geöffnete Türen vielerorts
während in der Heimat
sich Schuttplagen ausbreiten
Geschosse das Land verkratern
verglühen die Relikte
so vieler Menschendochte
für geopolitische Phantasmen
aus der Geisterbahn eines Terrorpaten

an vielen Orten weltweit
große Demonstrationszüge dagegen
Spenden und Hände
über Grenzen hinweg
Brücken aus gezogenen Güterwaggons
fürs erste hält stand
die blau-gelbe Nation
ob all der schweren Blessuren
Präsident Selensky
sucht keine Mitfahrgelegenheit
viele Kommentatoren blamieren sich
mit einer zu schnell kalkulierten Niederlage
eine orientierungslose Strategin
schickt fünftausend
deutsche Helme

So beginnt die riskante Expedition
in einen langen Feuertunnel
der Rauch thront
über immer neuen Verlusten

*Marko Ferst*

## Haiku

Die Kranichfelder
ein Flattern und Trompeten
Anflug auf Wälder

*Marko Ferst*

## Sommernacht

Über dem Flußtal
der hohe Gelbe
nach seiner Fahrt
als Schattenriß
Umarmungen
Wiesenstille

Ins Maisfeld
wo gewöhnlich
nur schwarze Rüsselnasen
dem Paradies nahe
dorthin hat
es uns verschlagen
in eine Schneise
breit genug
Zelt des Himmels
und Tücher der Lust

Immer noch
wärmt der Tag
die Nachtseite
Blicke, Tasten und Küsse
an den Uferbaum
lehnen wir uns
nackt

*Marko Ferst*

## Heißer Tag

Schnee im August
bizarres Flockentreiben
aus Erlenhöhen
Ferienkinder
hoffen auf Münzobolus
als Wärter von Schleusen
flatternde Stäbe aus Tiefblau
flügelschlagend unterwegs vielerorts
selbst das Versteck des Postboots
läßt sich aufspüren
Fließe um Fließe
ohne Karte ein Irrgehen
eine hellbraune Bisamratte
schwimmt ins Uferschilf

Wie kann hier ein Schuß fallen?
die Irritation klärt sich
als der Stamm knackt
zu Boden bricht
womöglich gaukelt
diese eine Diestelart
die Frostlage vor,
versendet ihre Samenfracht
über Kronen hinweg
Paddelschläge
in der Abendwärme
saugen Stechrüssel
ihren Tribut

Spreewald bei Lübbenau

*Alexander Lohner*

## Der Bodensee

Ruhig schimmert der See, umringt von Alpenhöhn,
zwanzig an der Zahl, die gen Himmel sich verlieren,
würdige Städte und stolze Burgen deine Ufer zieren,
die sich im blautiefen Wasser zitternd spiegeln schön.

Wie Märchen wollen deine Inseln mir anmuten,
mit Schlössern und Türmen traumumwoben,
zwischen Palmen und Zypressen hocherhoben,
die Wurzeln in deinen nährend Wasser-Fluten.

Und wo drei Staaten sich die Hände reichen,
hochumwölbt von einem blauen Himmel drüber,
träume ich von einem Europa geeinter Brüder,
wo jeder Streit Recht und Frieden möge weichen.

*Alexander Lohner*

## Ein Spottgedicht auf Franziskus von Assisi und den Franziskanerorden

Alles Geld und Gold der Welt ist eitel,
drum schnell steckts in den Klingelbeitel,
sündhaft gar des Geldes Glanz zu schauen.
dass Klöster und Kirchen wir damit bauen.

Unser Gründer, wie er lebte: stets in sklavischen Gebärden,
Herz und Seele ganz verzehrt nach dem hohen Heiligwerden,
stets schmutzig und gewunden, Läuse in Gewand und Haar,
abgrundtief den Vater hassend – wie Ödipus liebend die Mama.

Nicht umsonst hat er gerüttelt an des Laterans Pforten,
den *Teufelspakt* Franziskus anbiedert mit süßen Worten,
niedergesunken vor dem Throne Innozenz des Dritten,
des Papstes Anerkennung seines Bettelordens zu erbitten.

Lasst buhlen meine Mönche mit Schwester Armut, Heiligkeit,
wir dann bei Gott zum Schwur für alle Zeiten gerne sind bereit,
niemals Kritik zu üben an Macht und Pfründen der hohen Pfaffen,
damit gegen die *anderen* Armen Ihr könnt führen Heer und Waffen.

Katharer, Albigenser und Waldenser sind die *anderen* Armen,
die es wagen, den Klerus vor rechten Strafen keck zu warnen,
die sich erdreisten, in Gottes Namen und der Apostel Lehre
tatsächlich bescheiden-arm zu leben bei Christi Jesu Ehre.

Das alles ist uns Minderbrüdern selbstredend fern und fremd!
Wenn wir zu Eurem Luxus schweigen in schmutz-braunen Hemd,
zum Schweigen die päpstliche Kirche bringt auf ewige Zeiten,
Kritik an Ausbeutung und Kapital – segnend nach allen Seiten!

Durch fleißig Betteln, die vielen Almosen und Scherflein der Witwe,
die Gunst der Fürsten, Bischöfe und Reichen – manche fette Schnitte,
durch das Festkrallen an geldbringende Pilgerorten aller Weltenenden,
zum heute reichsten Orden unser Schicksal schnell wir konnten wenden.

Und der unterdrückten dummen Menschen Rache-Sinn
lenken wir durch unsere Predigt dann geschickt dahin,
bei den *perfiden* Juden die Ursache ihres Leids zu suchen,
auf dass sie die „Mörder Christi" verfolgen und verfluchen.

Sankt Kapistran, Sankt Bernardin de Feltre und wie sie alle heißen,
unsre Ordensheiligen stets wirkten, dass Feuer in den Gettos gleißen,
durch die Jahrhunderte in jüdischem Blut unsre fromme Franziskanerschar
gewatet ist – bis zu den Todeslagern der katholisch-faschistisch Ustascha.

Und was ist geschehen mit unserm lieben heiligen Gründer?
Frommen Volk bis heute vor Staunen offen steh'n die Münder.
Er trieb sich – ein *Zweiter* Christus zu werden
– schon im Diesseits und auf Erden,
in ekstatischem Verzücken
Nägel in der Hände Rücken
und seiner nackten Füße Rist,
– woran er dann verblutet ist.

Wie konnte man ihn nun heilig-sprechen
ohne kanonisch-päpstlich Recht zu brechen?
Einen der gestorben ist durch Selbst-Mord,
der sich tödlich Wunden in den Leib gebohrt?

Doch die Kirche erklärt geschwind,
dass durch Gott allein entstanden sind,
die Stigmata
ganz wunderbar.
Hal-le-lu-ja!

*Antje Dreist*

## Durch die Tür

Ach, wie gerne wollte ich durch die Tür eintreten,
doch ich war nicht gebeten,
Es war dann wirklich jede Tür,
ich habe dafür jetzt so ein Gespür,
hinter denen was ich fand,
raubte mir den Verstand,
überall nur diese hässliche Gier,
war ich zu eigen und zu schier?
Nein, ich war bereits vor dem ersten Eintreten befleckt,
nein, das hat niemanden erschreckt,
Erschrocken war man dann,
als ich nicht mehr durch die Türe kam.
Jetzt musste ich durch jede Wand.
Grauenvoll, was ich fand.

*Antje Dreist*

## Paradies

Ach, wie schon so oft leben wir wieder im Paradiese,
doch schimpfen alle von irgendeiner Krise.
Das sind die, die alles haben,
nur nichts im Herzen und in der Seele tragen.
Da ist ein Nichts.
Das ist Teufels Gericht.
Das hat der Teufel so gebraut,
das es jedes Paradies wieder beraubt.

*Antje Dreist*

**Vater Staat**

Es gibt so manchen, der nennt sich „Vater".

Es war mal so gedacht,
dass der Vater schafft,
schafft für seine Kinder,
dem einem mehr, dem anderen blinder.
Ist nun alles da fürs leiblich Wohl,
weiß der Vater nicht mehr, was er tun soll.
Dann lebt der Vater nach eigenen Gesetzen.
Er mag auch gern mal Hetzen.
Der Vater macht einfach nur noch was ihm gefällt,
das ein oder andere Kind wird zum Held,
ein Held im Krieg,
oder irgendeinen anderen Sieg.
Das ist auch egal,
der Vater hat die Wahl,
zu suchen
nach dem Guten.
Aber wie kann da noch Gutes sein,
das Schaffen wurde doch zum Schein.
Denn der Vater hat alles, was er braucht zum Leben,
auch im Über kann's ein Überleben geben.
Alles da in Hülle und Fülle.
Der Vater bringt seinen Kindern bei, dies zu werten wie Gülle.

*Antje Dreist*

## Übergewicht

Die Gesellschaft leidet an Übergewicht.
Alles wird übergewichtet und auch ein Nicht.
An allem hängen Tonnen von Lasten,
auch übergewichtet das Hasten.
Alles geht schnell schnell schnell
und alle Gewichte erscheinen grell.
Alles ist vom Übergewicht betroffen,
da hilft kein Hoffen.
Einem Übergewicht
steht immer ein Ende zu Gesicht.

*Beatrix Jacob*

**Bad Schmiedeberger Skizzen**

*Die geheimisvolle Treppe zum Wald*

Der helle Morgen ist erwacht, ihm gewichen ist die dunkle Nacht,
da entdecke ich im Gemäuer eine geheimnisvolle Treppe zum Wald,
mal am Morgen begrüßt der Wald die Menschen Sonnen durchflutet,
im Bad der Lichter Spiegelbilder, wo sie Schatten brechen können,
mal mit morgendlicher Frische, wo Regentropfen leuchten im Licht,
sie gleiten eigen Sonnen gewärmt von Nadeln und Laub der Bäume,
wo man sich eingeladen fühlt nach Hitzeglut frisch durch zu atmen.

Der geheimnisvolle Wald, wohin die Treppe aus dem Gemäuer führt,
trägt er dann sein weißes Winterkleid in seinem  erholsamen Schlaf,
fühlen auch Menschenkinder jene Sehnsucht nach den Sonnentagen,
wo ihnen andere Jahreszeiten voll aufblühendes Lebens schenken,
man kann kaum erahnen, mit welchen so reichen Schöpfungsgaben -
im Geben und Nehmen der Natur Wald  alle Lebewesen beschenkt
manchmal als Schutzschild für das Leben, seine Gaben spendend.

Die geheinisvolle Treppe zum Wald, einladend für die Menschen,
wo manch Seele Geborgenheit und Erholung auf der Flucht sucht,
vor all den alltäglichen Zwängen, wo die Luft zum Atmen fehlt,
im Windspiel und Rauschen der Blätter der Bäume, eingeladen,
die Ruhe weit weg von von Klatsch und Tratsch so suchend gar,
lauscht der Wald tröstend dem Kummer und Sorgen der Menschen,
hilft freie Gedanken und Hoffnung einkehrend frei zu entfalten.

Wohin führt mich der Weg durch den geheimbisvollen Wald,
durch die Schatten der Bäume ewig suchend zum Lichtquell,
einer Lichtung, wo gar erhellt ist mein Weg vom Sonnenlicht, -
oder irrend suchend nach dem rechten Weg durch den Wald,
voller Schweigen und großer Sehnsucht nach dem Licht Weg,
wie vom Windspiel begleitet soll ich der Botschaft lauschen,
die er mir gar oft achtlosen Menschen mag dann bescheren?

Führt mich die geheimnisvolle Treppe zum Wald,
mich bald an eine sprudelnd fröhliche Quelle gar,
mal wild mald ruhig strömt sie durch das Bächlein,
der Wald als unser sehr kostbarer Wasserspeicher,
stillt meinen Durst und den sich dort labender Tiere,
wo das Leben sich pulsierend bahnt den neuen Weg,
wehe wenn die Bäume, die Reichtum spenden, sterben.

Die geheinisvolle Treppe zum Wald, die aus dem Keller führt,
hinauf zum natürlichen Erdenweg der Natur mit vielen Gaben,
welchen Tieren mag der Wald den Schutz und Nahrung bieten,
dem Eichhörnchen, das eilig und  geschäftig eilt davon wohl,
den Damm- und Niederwild das Schutz im Dickicht sucht,
vielen Vögeln Gebprgenheit in Nestern und Baumhöhlen gibt
ach so reichlich sind seine Gaben, die wir vergessen haben.

Geheimnisvolle Treppe in den Wald aus dem Keller,
weit weg von giftigem Elektroschrott und Industrie,
Industrie die man zum fortschrittlichen Leben braucht,
so ist der Wald auch die Oase um Erholung zu finden,
endlich mal befreit von manch technischen Natursünden,
wo die Flora kann noch ungstört wachsen und gedeihen,
über Baumwipfeln wacht vorbei ziehende Vogelschar.

Verhüllte ist die Natur durch Nebels Wassertröpfchen,
hinter dem Gemäuer das Anlitz des Waldes verborgen,
Nebel deckt wie ein Schleier Geheimes und Sünden zu,
der Herbst färbt wie ein Maler all die Blätter so bunt,
bis der Herbstwind sie von den Bäumen weht für Neues,
in winterlicher Erholung zeigen Nadelbäume grünes Kleid,
damit die Kraft der Hoffnung uns stets führt durch die Zeit.

*Geborgenheit unter den Bäumen*

Die Sonne brennt, der Durst quält, Erschöpfung  pur,
endlich ein wenig kühlender Schutz im Baumschatten,
ein wenig Zeit zu rasten und erholsam auszuruhen
nach anstrengender Kraft zehrender Wanderschaft.

Von der Gesellschaft oftmals auch arrogant verstoßen,
weil man zum Kreis der Kranken und Armen gehört,
keimt Sehnsucht nach Schutz und Geborgenheit auf,
wie Christus sie für die Ausgestoßenen hat gelehrt.

Mit Bäumen verbinden die Menschen seit jeher Schutz,
weil sie unseren größten Schatz auch gut bewahren,
Wasser was wir, Tiere, Pflanzen zum Leben brauchen,
auch zurück geschenkte reine Luft zum Atmen pur.


## Das Gradierwerk

Jenes Ziel, reines Salz aus der Sole zu gewinnen,
war bestrebt der Mensch gar oftmals reich an Ideen,
wie für den Bau von Gradierwerken mit Luftreinheit,
im Innenleben jener Holzgerüste Begehrtes entsteht,
wo heute Kurgäste daran erholsam vorbei flanieren,
oder im Nebelraum jene heilsame Luft inhalieren.

Große Oberflächen von Reisigschichten machen möglich,
das so die begehrten Aerosole durch Rieseln entstehen,
wo Wassertröpfchen vorbei fließen an Reisigschichten,
zerstäuben und wie gewünscht zu Partikeln verdampfen,
und so die Veränderungen der Sole gezielt bewirken,
um heilsam der Natur Gaben für Gesundheit zu nutzen.

Von Sanddorn, Schlehe, Lärche, Fichte der Reisig,
mit Natriumchlorid und nöt'gem Wasser berieselt,
die Tröpfchen am Reisig so zerstäubend abperlen,
Reisigwände voll gesunder Lebendigkeit zu sehen,
manchmal im Sonnenlicht geheimnisvoll glitzern,
um erholsam dort auch tief atmend vorbei zu gehen.


## Wie ein Blatt im Wind des Lebens

Der Herbstwind weht mir sanft ein Ahornblatt in die Hand,
vielleicht um mich zu erinnern, an das Auf und Ab im Leben,
wie vergänglich alle Dinge in ihrer Zeit auf Erden doch sind.

Trotzdem reckt es seine Blatspitzen aufrecht nach oben,
als will es mir sagen, gib niemals auf in deinem Leben,
auch wenn das Universum uns die Lebenszeit bestimmt.

Oberflächlich wie wir leider im Leben oftmals sind,
sehen wir nicht die feinen Strukturen unseres Lebens,
imponiert uns nur oberflächlicher Schein, statt Sein,
ignorieren Einklang zwischen Seele, Körper und Geist,
das tief im Innern in so manch gute Seele verborgen.

Sag mir warum ignorieren wir innerliche Schönheit,
so arm verblendet von äußerlicher Oberflächlichkeit,
lassen uns so oft halten von Blendern zum Narren,
sehen nicht hinterm Rücken so manch Intrigenspiel,
weil wir so oft  gar gar blind und ohnmächtig sind.

Bunte Blütenpracht überall so noch zu sehen,
der letzte Herbstwind wird sie bald verwehen,
das Gras inmitten der Blumen anmutig schwingt, -
im Spiel mit dem Wind sich leise hin und her,
die Tiere im Kurteich uns so oft noch erfreuen.

Als wollte mich der Herbstwind in seiem Spiel,
wohl trösten, als er das Ahornblatt zu mir trieb,
als suchte es seinen Schutz noch bei mir derweil
und ich spüre diesen leisen Lebensgeist in mir,
weil alles im Leben hat seinen tieferen Sinn.


*Schützende Hände der Marina von Antiochia*

Die heilige Marina, auch Magarete genannt,
aus der Antike als christliche Schutzpatronin,
so als Nothelferin für die Menschen bekannt,
als Gerechte des alten Testamentes geschätzt,
Nothelferin im einst türkisch syrischem Gebiet,
die Spuren von Antiochia sind längst verweht.

Sie verehrte man als Schutzpatronin des Wassers,
ohne das es all das Leben auf Erden nicht gäbe,
als Nothelferin der Gebärenden für neues Leben,
auch bei Nierenleiden sie um Hilfe oft ersucht,
wo Nieren halten unsern Blutkreislauf gesund,
wo die Nieren jene Schadstoffe heraus geleiten.

## Wasserwiderstand

Wenn der Mensch gebrechlich, krank und alt wird,
die Muskulatur erschlafft ohne jegliches Training
und auch die Organe sich zeigen mitunter schlapp,
da spürt man, was man früher nicht wahrgenommen,
selbst das Wasser hat nun mehr Widerstandskraft.

So ängstlich an die Stange geklammert hatte man nie,
begreift die Muskulatur braucht Bewegung und Nahrung,
damit wir den Wasserwiderstand können so aktiv brechen,
früher jung, dynamisch eine große Selbstverständlichkeit,
heute schafft man es nur mit viel Mühe und auch Kraft.

## Wie ein Stück Treibholz

Wie ein Stück Treibholz trieb ich dahin,
nur auf alltägliche Pflichten fokussiert,
auf meinen Körper nie Rücksicht nahm,
habe ich es doch kaum wahrgenommen,
selbst Wasserwiderstand kämpft mit mir.

Wie ein Stück Treibholz so getrieben,
bestimme nicht ich den erzielten Weg,
den ich im Wasser sportlich steuern will,
sondern das Wasser mit seiner Wellenkraft,
treibt mich Kraft geballt ganz woanders hin

Da nützen auch keine großen Verrenkungen,
wenn das Wasser sich widerspenstig zeigt,

mit mir wie mit einem Stück Treibholz spielt,
nicht wie in der Badewanne so eingesperrt,
meine Körperkraft schwach ertragen muss.

Wenn die Körperkräfte dann schwinden,
viel zu spät kapiert man so voller Reue,
man hat viel zu wenig die Kraft trainiert,
um sich den Weg im Wasser zu bahnen,
konnte man vorher auch nicht so ahnen.

Die Herausforderung nehme ich gerne an,
damit Wasser nicht wie mit dem Treibholz,
im Kräftemessen Mensch und Naturgesetz,
nicht mich wie ein Stück Treibholz treibt,
sondern ich es mit Kraft bezwingen kann.


*Die Wasserträgerin*

Wo die Erfindungen der Wasserleitungen noch fern,
wo einzig Gastronomen und Brauer sehr innovativ -
sich einzig allein noch Wasserkünste verlegen ließen,
wodurch das Wasser direkt zu ihren Häusern geleitet
pilgerten einfache Bürger zu Wasserquellen doch hin.

So war es meist die Aufgabe der Frauen als Wasserträgerin,
die schöpften das lebensnotwendige Wasser für den Haushalt,
die Wege zu den Brunnen, Flüsseen, Quellen, oft waren weit -
diese blieben ihnen mühselig nicht erspart, Wasser zu holen,
wer keinen Brunnen hatte, der musste sehr weit dafür gehen.

Mit ihren schweren Krügen besorgten sie das Wasser,
bei fast jedem Wetter, war es auch im Winter bitterkalt,
denn ohne das kostbare Wasser kamen sie nicht aus,
so schleppten sie mit schweren Krügen Wasser heim,
es sei denn, es halfen ihnen tierische Helfer mit dabei.

Es gab sie noch lange nicht, die moderne Technik,
die Wäsche reinigte man oft mühsam an den Flüssen,

selbst das Waschbrett kam erst sehr viel später dazu,
so hielten sie mit unermüdlichen Fleiß ihrer Hände,
ihre Versorgung stabil und auch ihren Haushalt rein.

Mühsam war die Last der Wasserträgerinen gar so oft,
wo ihnen die Wege zu den Wasserquellen nicht erspart,
Wasser schafften sie mit schweren Krügen in ihr Heim,
ohne Wasser können die Menschen leider nicht leben,
sie brauchen es für ihre körperliche Versorgung auch.

Ein Kanalsystem für all die Abwässer gab es nicht,
so landete kurzum alles auf den Straßen in der Zeit,
was so verunreinigte die Reinheit der Wasseradern,
so dass ohne Klärsysteme die Wasserkontimination,
auch Wegbereiter für tödliche Krankheiten waren.

Daher behalf man sich mit dem Brauen von Bier,
in der Hoffnung es desinfiziert die Wasserkeime
oder trank gleich den alkoholischen Rebensaft,
nur eigenen Erntefrüchten konnte man trauen,
verunreinigtes Wasser, war doch so ungesund.

Fleißige Nonnen, Mönche und die Weinbauern,
sie widmen sich der Herstellung von Weinen,
als Alternativgetränk zum Hopfengetränk Bier,
das Frauen im Kochtopf für die Familie brauten,
verunreinigtes Wasser trank man damals nicht.


*Der Bad Schmiedeberger Magarethenbrunnen*

Heilendes Wasser aus dem Krug von Magarete von Österreich,
als Gemahlin des Kurfürsten Friedrich II dem Sanftmütigen,
Herzog von Sachsen-Wittenberg, abstammend dem Hochadel,
aus dem Hause der Wettiner mit Tempelrittern eng verbunden.

Auch der Kurfürst schenkt am Brunnen dem Volke ein,
vom Reichtum des Grundwassers aus dem Brunnen,
mit seinem Kruge, als sei es selbstverständlich hier,
von Mutter Erde geschenkt, Wasser für Mensch und Tier.

Da ist der Gedanke ziemlich nah, durch Wasser Heileffekt,
an Magarete von Antiochia, Tochter eines Götzenpriesters,
zum Urchristentum konvertiert, um in der Not zu helfen,
als Schutzpatronin für die Bauern, Frauen und Mädchen.

Ohne Wasser würde das Leben auf Erden nicht sein,
der Mensch braucht Nahrung und Lebensenergie,
so ist Magarete jene Schutzpatronin für Wasser,
ebenfalls für die Fruchtbarkeit der Felder erkoren,
denn ohne Wasser und Nahrung, das Leben erstirbt.

*Faszinierende Natur und ihre Moore*

Faszierneder Mutter Erde Anlitz lebendig,
mit so vielen unterschiedliche Erdschichten,
ständig in der Veränderung ihrer Gestalt,
wo heute Eisdecken in der Antarktis sind,
einst grüner Subkontinent Leben bestimmte,
in der Wüste heißer Sand, Gluthitze auch,
sie forderte Menschen seit Anbeginn heraus.

So viele Gaben, die uns Mutter Erde schenkt,
mag sie mitunter auch manchmal launisch sein,
wenn es unterirdisch in den Vulkanen brodelt,
so schenkt sie uns Land und nimmt es auch,
versunken so viele Städte der antiken Zeit,
bestraft des Menschen überheblich Frevel,
der Naturgesetze erhaben strafbar ignorant.

Ein sehr großes Geschenk von Mutter Erde sowieso,
sind ihre fruchtbaren Moore und ihre Vegetation,
ständig ein Nehmen und Geben der Natur überall,
immer in Verwandlung im Laufe der prägend Zeit,
so beschenkt sie uns Menschen mit Gaben reich,
darunter auch Spurenelementen heilend wirkend.

Auch die Pflanzenwelt passt sich Lebensbedingungen an,
je nachdem wie viel Nährstoffe Mutter Erde bieten kann,
jede Pflanze ist so angepasst an ihr Wachstumsrevier,

ob im nährstoffreichen Niedermoor, weniger Zwischen-
selbst im nährstoffarmen Hochmoor Pflanzen wachsen,
beschenken sie uns mit ihrer Vielfalt voller Lebenskraft.

Diese große Pflanzenvielfalt und ihre heilende Kraft,
erkannte man frühmittelalterlich in Klöstern schon,
die nicht ideologisch klerikalen Aberglauben frönten, -
wo sie legten jeglicher Forschung Steine in den Weg,
dennoch haben sie nicht über die Wissbegier gesiegt,
wie über Hildegard von Bingen einst im Klosterleben.

Auch der katholische Priester Sebastian Anton Kneipp,
ließ sich in seinem Forschergeist dazu nicht bremsen,
in seinem festen Glauben Gott hat den Menschen -
auch Schöpfungsgaben für ihre Heilung geschenkt,
all das was sie brauchen für ihr gesundes Leben,
nur eines konnte er nicht aufhalten, Zeit bestimmt,
den Kreislauf von Alpha und Omega auf Erden.


*Bilder einer Landschaft*

Wo noch unberührt, gepflegt die Natur,
wo Menschen siedeln in Wald und Flur,
der als Lebensraum für Wildtiere -
behütet wird, Felder noch  tief gepflügt,
ihre Fruchtbarkeit können so erhalten,
damit der Gabentisch der Ernten reich,
ernährt die Menschen und auch die Tiere...

Wo die Tierhaltung in gesundem Maße funktioniert,
wo der natürliche Dünger für die Felder wird erzeugt,
wo Windschutzstreifen schützen vor Bodenerosionen,
sind die Erträge reich und der Nutzen vielfältig da,
so  harmonisch zwischen Menschen und der Natur,
können auch Wildblumen wie Wegwarte, Mohn -
andere auch am Ackerrand noch kräftig gedeihen.

Die Grundwassersohlen noch intakt geblieben,
warten auf mit hohem Wasserreinheitsgrad,
nicht von Giften der Zivilisation heimgesucht,
gibt noch so mancher Brunnen reines Wasser,
so manche Quelle spendet reichlichen Segen,
leben die Menschen voller Unbedenklichkeit,

Anderswo wird die Natur kommerziell ausgebeutet,
weil auch diese den Börsenspekulanten ausverkauft,
der Kostenzwang, die Gier kontra jeglicher Vernunft,
läßt Lebensräume wie Wälder so zu Grunde gehen,
die Fruchtbarkeit der Äcker mit Unvernunft schwindet,
politisch hysterische Hirngespinste für Naturerziehung,
so das manch Landschaft am neuen Zeitgeist erstickt.

Auch das liebe Vieh muss unter dem Wahnsinn leiden,
für Massentierhaltung, die Agrarwirtschaft abgeschafft,
kontra verträgliche Stallhaltung, wo doch ihre Gaben,
so viel Nutzen für uns haben, geben und uns ernähren,
Klimahysterie ermöglicht es wie beim Ablasshändler,
wo unsere Tiere Feindbilder für Ideologie, Zeitgeist
und politische Programme sind, kontra dem Verstand.

Windräder sind aktuell nun der neueste Schrei,
drehen sie sich so im Rausch ihrer Rotoren
und so manch Vögelein, das auf seinem Wege,
ach wie bedauerlich doch so als Opfergabe,
mal auch so nebenbei tot vom Himmel fallen,
für das bisschen Energie und Flatterstrom,
Harmonie zwischen Ökonomie und Ökologie
stimmt nicht mehr für Fortschritt im Einklang,
wo Geben und Nehmen vernünftig Motor sind.

Man fragt sich langsam, wo ist das menschliche Denken geblieben,
jener Fach- und Sachverstand, der noch schätzt natürliche Gaben,
die Versorgung sicher stellt und manch Lebensräume erhält,
damit das Gleichgewicht zwischen Ökonomie und Ökologie
kommt nicht in das Wanken und Versorgungssysteme kapitulieren,

Hauptsache man hat einen neuen Technikspleen, unausgereift.
ohne Rücksicht auf Natur und Landschaft, sowie die Menschen,
weil man sich gegen wichtige Erkenntnisse sträubt für Fortschritt,
den im Geheimen darf man wissen, es längst schon anderswo gibt.

Beate Loraine Bauer

## Danke an alle

*inspiriert von Paulo Coelho*

Ich danke allen, die mich in eine kleine Schublade stecken wollten –
sie lehrten mich den Wert Freiheit und Selbstwert
Danke an alle, die mich missbrauchten oder verrieten –
sie haben mich wachsam, entwickeln und stark werden lassen
Ich danke allen, die meine Träume ja Visionen belächelten –
dadurch beflügelten und motivierten sie
meine Phantasie wie Realisierungswillen

Danke an alle, die nicht an mich glaubten
oder mich klein halten wollten –
sie waren starke Antriebsfeder Berge zu versetzen
wie neue größere Wege zu gehen
Ich danke allen, die mich verletzten oder mobbten –
sie lehrten mich wirksam den Schmerz anzusehen
und daran zu wachsen
Danke allen, die meine Freundschaft oder Liebe nicht wollten –
sie gaben mir dadurch Sinnatemraum für Erkenntnisfelder
und echte Liebe
Ich danke allen, die auf Streit
und zwischenmenschliche Wortminen aus sind –
sie waren meine besten Auslöser
für Frieden, Respekt und klärende Dialoge einzutreten

Danke allen, die mich durch ihr Verhalten
auf mich alleine zurückwarfen –
sie haben mich dazu bewegt,
wahre Reflektion – Motivation – Liebe intensiver zu leben

Ich danke allen, die meine Lyrik abwerteten
oder als unverstanden stehen ließen –
sie regten wortschöpfende Entfaltungswelt in mir an

Danke allen,

die mich mit ängstlichen belasteten Schattenmanteln belegten –
sie ließen mein innerstes Seelenherz heilen
wie bewusst stillen Begegnungsgesprächen mit meinem Geist

Mein größter herzlichster Dank gilt all jenen
– die mich lieben – akzeptieren – mögen
so wie ich bin

Sie schenken mir Kraft – Licht
und tief verstandene Dankbarkeit zum Leben


*Beate Loraine Bauer*

**Gedankentau**

Ob zwischen Regentropfen und Sonnenschein,
oder Licht und Schatten
stetig bewusster besser das Wunder LEBEN
mit Liebe und Frieden
dankbar erfüllen.

Wissender das jede/r Einzelne
unendliche Quelle für faires würdevolles Miteinander ist.

Inneren Seelenatemwellen
l a u s c h e n
voller Hingabe sinnig ins Dasein die Botschaft schöpfen.
Liebe als Ozean nährend
ins Welten-Wir einfließen lassen.
Entfaltungsschätze darin eröffnen wirksame Chancenlichter.

*Beate Loraine Bauer*

## Morgengruß anders

In unseren oft ausgefüllten Alltagsfeldern
den unschätzbaren Moment
e n t d e c k e n.
Zeit nehmen
den Bäumen zu lauschen
Wolkenbergen am Himmel in weiß getupft beobachten

Die Erblühungsschöpfung zu sehen
und den darin liegenden Erneuerungsschatz.
Wandlungschancen vom gestern ins heute geboren
Sei du aktiv realisierender Möglichkeitsgestalter

Schenke deinem Körper – Seele – Geist – Herz
bewusste tiefe ruhige Atemgegenwart
in dir los- wie zulassend reisen lassen.
Leise werden im eigenen Inneren –
das flüstern der Seelenstimme hören können
oder einzigartiger Lebensmelodie

Erfreu dich am fröhlichen Morgenlied der Vögel
den noch darin eingewobenen Friedenskraft
Schenk ein freundliches Lächeln an einen fremden Menschen
Sei dankbar und zufrieden über all
Familie und Freunde sowie die kleinen feinen Dinge
welche deine Spuren begleiten

Spüre wirklich deine Herzquelle von LIEBE
unendlich verfügbar fließt sie in dich selbst wie die Welt
Mag dir beglückende Erlebnisse wie Erfahrungsufer eröffnen
Lass deine Gedankenvögel frei -
entfalte dich wie Visionen besser und größer.

Sag begeistert JA zum Wunder Leben und zu dir selbst.

*Beate Loraine Bauer*

# Manchmal

stehe ich mir selbst im Wege.
Verharre oder laufe zu früh los

VERTRAUEN
entkeimt nicht – indem ich auf den
„richtigen" Moment warte…
Auf Wunder hoffe…

Für dich gehe ich los.
Riskiere.
Nimm all meinen Mut zusammen
Springe –
als wäre es über den ganzen Grand Canyon
Begegne darin mir selbst – dem Leben – dir.

Allein in einem nackt anfühlenden Moment
beginne ich Vertrauen zu finden.

Vertrauen
das atmet – glaubt – lebt – erlangt – versteht – bewahrheitet.

*Beate Loraine Bauer*

## Tanz mit deiner Seele

Spüre
deine Seele in deinem Körperzuhause.
Gerade dann –
wenn tagtäglich Nachrichten und anderes
gestresst Alltagsfelder „besetzen".

Gib dir bewusst
Zeit,
deine Atemspuren
entspannter zu gehen
oder beschwingt wie tanzend.
Lass deine besonderen Gaben
wunderbar ins Welten-Wir einfließen.

Sei Liebe – Wort – Frieden – Lied –
Verzeihen – Freude – Dienen.
Verbinde dich voller Hingabe
mit der Schöpfungsharmonie.

Entfalte Leichtigkeit in deinem Geist und Seele.
Breite Flügel aus welcher Freude und Glück
besser erfahren mögen.

Warte nicht – bis wann irgendwann
der richtige Moment kommen könnte…
J E T Z T .

Intensiv. Frei. Dankbar.

Chancenlichter Findungsrealität schenken.

Das Wunder Leben mit vollkommenem Rhythmus
herzlich nährend erfüllen.

*Beate Loraine Bauer*

## Glücklich sein – Farbnuancen

Glücklich sein –
wer will das nicht.
Das Glück dich erfüllt
von tief Innen erstrahlt
Freudenlächeln glänzt in Wir-Welt hinein.
Gelöst und mit feinem Wohlgefühl
gehst du beschwingt durch den Tag.
Gelingt vieles mehr und besser.

Fließt Herz wie Seele in einem
begeisterten Wonnebad.
Siehst du die Welt und
vielleicht dich selbst
mit neuen anderen Augen.
Wirst mutiger – gelassener und
vor allem dankbarer.

Erkennst Möglichkeiten akzeptierender an –
eröffnest diesen aktiv Realisierungsfelder.

Sammelst positivste Erlebnisblüten duftend kunterbunt
Lernst das in Freudenteilhabe diese
besonderen Vielfaltsschatz erfährt.

Glücklich sein –
welche Farben – Bilder – Menschen –
freie weite Entdeckungsräume
schöpfst du dir gerne ins jetzt?

*Beate Loraine Bauer*

## P e r f e k t

In unserer Welt
erleben wir täglich medial informiert –
was makellos – schön und mehr ist oder sein soll.
Unzählige unterwerfen sich dieser
nicht hinterfragten Veränderungsform.

Perfekt
ist jedoch nicht rein das Aussehen –
am besten das ganze Leben.
Glatt – glänzend – ohne Ecken und Kanten,
Wohnung – Menschen – Begegnungen – Gespräche…
Verlieren wichtige Werte – Qualitäten – Inhalte
von Miteinander-Basis.

Muss es perfekt sein?
Wird es je perfekt genug sein für?
Darf es dafür besser ja mehr
Liebe – Freude – Glück – FRIEDEN und Dankbarkeit sein?!
Begreifender das dieses einzigartige Wunder Leben
nicht perfekt – dafür bunt – vielfältig – sinnig – authentisch
Fülle atmen möge.
Entfaltungspotenziale, das Wir erlangen.
Bestimmter aktiv positives – tolerantes – wertschätzendes
in Alltags-Begegnungs-Felder einfließen lassen.

Lebensbejahend dankbar sein das
die Unvollkommenheit eine gesegnete Vollkommenheit bereits ist.

Im endlichen Fluss unserer Seelenatemreise
wirksam wahres Sein gesegnet schöpfen ins Jetzt.

Begeistert offen für neue Entdeckungsspuren des ich – du – wir
unserer wunderbaren Welt.

Stärker wie nachhaltiger die darin liegenden Schätze hüten
im Jetzt und noch erwachenden Morgen.

**98**

*Silvia I. Bomhardt*

## Geld und Arbeit

Geld, wird dir erzählt, sei eine todernste Sache,
du musst dafür arbeiten, dass ich nicht lache!
Zahlen musst du, damit du leben darfst –
Das ist eine Lüge, die du da entwarfst.

All-Seele ist Erfahrung von allen Leben
Nicht nur deines sondern von allen Planeten
Du bist ein Teil von ihr, also warum dann zahlen?
Das macht keinen Sinn, es macht doch nur Qualen.

Dem Geld sollst du gehorchen, reden sie dir ein
Sonst bist du nichts wert, bist ärmlich und klein.
Diese Teufel, sie haben dir absichtlich verschwiegen,
du kreierst deine Welt – doch dann können sie nicht siegen.

Sie spielen sich auf als deine Diktatoren
„verdiene Geld durch Arbeit, sonst bist du verloren".
Du bist so verstrickt in dieses Netz von Lügen,
dass es dir schwerfällt, dich nicht zu fügen.

Denk doch mal nach, was du verdienen willst,
ist es nicht dein Selbstwert, auf den du zielst?
Deine Menge an Gott Göttin, die 100 % ist,
da gibt's nichts zu verdienen, das ist es was du bist.

*Silvia I. Bomhardt*

## Erdenlüge für den Mann

Mein innerer Mann, mich packt die Wut,
wenn ich höre, was sie zu dir sagen als „das ist gut".
Zum Arbeitstier haben sie dich degradiert
Und du hast geweint und dich furchtbar geniert.

Als Kanonenfutter bist du gut genug,
und du hast gehorcht dieser verdammte Lug'.
Geschuftet hast du und warst ein tapferer Kämpfer
Für deren Ideale – und dann kam der Dämpfer.

Nicht dich haben sie bewundert, du warst nur Zweck.
Gefühlt hast du dich oft wie der letzte Dreck.
Eingeprügelt haben sie dir, du musst dienen,
bist nichts wert, musst deine Schulden sühnen.

Mein geliebter Mann, es ist Zeit zu erfahren:
Du bist Geist und darfst dich wie Gott gebaren.
Du bist der Schöpfer unserer Lebensidee,
hast alle Macht, bist geliebt und ok.

# Inhalt

# Autorinnen und Autoren stellen vor:

Andreas Erdmann, Monika Jarju u.v.a: Die Ostroute. Erzählungen, 256 Seiten, Edition Zeitsprung, Berlin 2014,11,90 €

Marko Ferst: Jahre im September. Gedichte und Erzählungen, 212 Seiten, Edition Zeitsprung, 2017, 11,90 €
Marko Ferst: Umstellt. Sich umstellen. Politische, ökologische und spirituelle Gedichte, 160 Seiten, Engelsdorfer Verlag, Berlin 2005, 11,20 €
Marko Ferst: Täuschungsmanöver Atomausstieg? Über die GAU-Gefahr, Terrorrisiken und die Endlagerung, 136 Seiten, Edition Zeitsprung, Berlin 2007, 9,95 €
Marko Ferst, Franz Alt, Rudolf Bahro: Wege zur ökologischen Zeitenwende. Reformalternativen und Visionen für ein zukunfts-fähiges Kultursystem, 340 Seiten, Edition Zeitsprung, Berlin 2002, 21,90 €
Marko Ferst, Rainer Funk, Burkhard Bierhoff u. a.; Erich Fromm als Vordenker. „Haben oder Sein" im Zeitalter der ökologischen Krise, 224 Seiten, Edition Zeitsprung, Berlin 2002, 15,90 €
Leseproben und Bestellung: www.umweltdebatte.de

Eugen Kluev: Wäre ich ein General. Gedichte über den Krieg in der Ukraine, 108 Seiten, Dorante Edition, 2025, 9,95 €

Elena Zardy: Die Stille nicht gewagter Worte. Gedichte, 128 Sei-ten, Neopubli-Verlag Berlin, 2018
Elena Zardy: Ein Augenblick der Liebe. Lyrikband, 136 Seiten, Neopubli-Verlag Berlin, 2019

Angela Hilde Timm: Glaubens-Bilder, christliche Gedichte + Fo-tos, 47 Seiten, wfb-Verlag, 2010, 3,99 €

# Literaturpodium

Bei uns können Sie Gedichte, Erzählungen, Essays, wissenschaftliche Beiträge, Märchen, Fantasiegeschichten, Haiku, Aphorismen, Reisereportagen etc. in verschiedenen Buchprojekten veröffentlichen. Die Bücher werden gegenseitig mit Anzeigen beworben und im Internet präsentiert. Sie sind in vielen Ländern lieferbar. Auch eigene Gedichtbände, Romane etc. können publiziert werden.

Mehr Informationen unter:
www.literaturpodium.de

## Lichtflug

### Gedichte

### Marlies Kemptner, Florian Birnmeyer, Grete Ruile

180 Seiten, 2024

## Tagesanbruch im Winter

### Erzählungen und Gedichte zu Winter und Weihnacht

### Esther Wäcken, Angela Hilde Timm Simone Seebeck

148 Seiten, 2024

# Seltenes spüren

### Gedichte

### Ulrich Grasnick, Elisabeth Hackel, Günter Kunert, Marko Ferst, Dorothee Arndt, Charlotte Grasnick u.v.a.

268 Seiten, 2014

Erleben Sie den Inkafrühling in Peru. Versunkenen ägyptischen Schätzen wird nachgespürt. Monets Garten lädt ein und dem Duft einer französischen Bäckerei folgt ein Gedicht. Der Berliner Dom spiegelt sich nicht mehr im Palast. Zahlreiche surreale Gedichte enthält der Band, vereinzelt auch gereimte. Ein Besuch bei Heine steht an, versteckt liegt sein Denkmal. Den Szenarien der Krieger geht ein Lyriker auf den Grund, von weidwundem Land berichtet ein Gedicht für die Erde. Letzte Bienenwagen kommen in den Blick, Ausflüge führen ins Känguruland. Die Sonnenpost läßt uns Entfernungen vergessen. Der vorliegende Band ist eine Gedichtsammlung des Köpenicker Lyrikseminars und der Lesebühne der Kulturen Adlershof. Gäste wurden eingeladen. Grafiken von Dorothee Arndt illustrieren den Band. Das Lyrikseminar existiert seit 1975 und publizierte bereits mehrere Anthologien.

*Leseproben: www.umweltdebatte.de*
*Bestellung: marko@ferst.de (dt. Porto frei)*

# Berge und Sichten

### Gedichte

### Friedrich Kieteubl, Dirk Tilsner, Heike Streithoff

432 Seiten, 2024

Der Donauherbst begrüßt uns, Alleen öffnen sich. Der Alpenraum wird in diesem Gedichtband häufiger vermessen. Gletscher ziehen sich immer weiter und weiter zurück. Von der Bergfahrt eines Dampflokzuges, dem Kohleschaufeln, gibt es Bericht und ein befreiendes Pfeifen. Gedanken beim Wandern bergan, ökologische Schuld lässt sich nicht abschütteln. Fjorde frieren nicht mehr zu, Wetterberichte dokumentieren auffällige Aspekte. Eine wirklich dramatische Schlagzeile würde lauten: Die Flüchtlinge kehren in Scharen zurück. Ossietzky druckte was andere verschwiegen. In der Ukraine gleichen manche Orte Ruinenzonen, Folter thematisiert ein Gedicht. Normalität befindet sich hinter unseren Bezahlschranken, utopische Wendungen werden buchstabiert. Auch Schaukelpferde können aussterben. Orcas auf hoher See bedrängen ein Boot, alle bleiben an Bord. Abgespielt wird eine Hommage an das Lichtspielhaus. Liebesgedichte finden sich ebenfalls in dieser Anthologie. Oranges Mosaik aus Zuversicht, lässt es sich setzen?

*Leseproben bei Thalia, Buecher.de u.v.a.*

**Jahre im September**

Gedichte und Erzählungen

**Marko Ferst**

# Jahre im September

## Gedichte und Erzählungen

### Marko Ferst

212 Seiten, Edition Zeitsprung, 2017

Über Ostseeinseln wie Öland und Usedom streifen die Gedichte. Sie führen in die schwedische Schärenstadt sowie nach Buchara, Samarkand oder in den Ural. Magische Ausflüge in die Natur und Tierwelt tauchen auf. Gedichte zu Musik, Literatur und Malerei reichern diesen Lyrikband an. Unter die Lupe genommen wird der Drang der Regierenden, uns mehr und mehr auszuspionieren. Kritik zieht das gescheiterte Afghanistan-Abenteuer auf sich, das syrische Totenfeld wird umrissen. In Bangladesch zeichnen sich weitere Landnahmen des Meeres ab, Wasserstände, die mit unserem verschwenderischen Lebensstil im Norden verbunden sind. Sondiert wird, warum unsere Zivilisation ökologisch zu scheitern droht, sich längst im Spätstadium befindet. In der Arktis zeigt sich, wie weit das Vorspiel zum Klimaumsturz schon gediehen ist. Spitzbergen archiviert unsere letzten genetischen Hoffnungen. Den Spuren und Abgründen einer mysteriösen Krankheit wird nachgegangen. Der Band enthält zwei Erzählungen - eine arktische Begegnung zwischen weißen Raubtieren und einen Blick in das sowjetische Speziallager Sachsenhausen.

*Leseproben: www.umweltdebatte.de  Bestellung: marko@ferst.de*

# Der Frühlingswind kam über Nacht

### Gedichte mit Humor und Esprit

### Heike Wiezorek

180 Seiten, 2022

Momente vom Alltagsleben ziehen sich fantasievoll durch ihre Gedichte. Malerei und das Leben von Claude Monet und Vincent van Gogh kommen in den Blick. Frühlingsgedichte sind zu finden. Auch Karnevalsstimmung wird zelebriert, selbst politische Denkanstöße fehlen nicht. Heike Wiezorek schreibt mal humorvoll, mal kritisch, mitunter versehen mit einem Hauch Wehmut. In ihren gereimten Versen stecken immer wieder Überraschungen und Mosaikstücke an Lebensweisheit. Die Weihnachtszeit mit ihren Gerüchen kommt vor. Einige Gedichte skizzieren ihre Heimatstadt Bochum, so wie sie sich verändert hat. Die Lockdowntage der Coronazeit werden erinnert, die Freude über sinkende Inzidenzen. Selbst Fußball-Höhepunkte weiß sie zu kommentieren.

*Leseprobe, Inhalt: www.literaturpodidum.de*
*Kontakt und bestellen: h.wiezorek@gmx.de*

Außerdem erschienen vom Autorin:
Heike Wiezorek :Frisch aus der Feder. Kurzgeschichten querbeet, gewürzt mit Humor, 140 Seiten, 2020

# Der tiefe Fall des Wolfram Harth

## Drama

### Rainer Daus

80 Seiten, 2020

Wolfram Harth, ein Schriftsteller, wird zu einer Live-Sendung nach Köln eingeladen, um mit anderen Teilnehmerinnen über »Die Rolle und Bedeutung der Frau in der zeitgenössischen Literatur« zu diskutieren. Während dieser Sendung kommt es zum Eklat mit der Feministin Isolde Schlingenflechter-Hatz, die ihm - sexistische - Passagen in seinen Romanen vorhält. Nach der Liveübertragung unterläuft Harth ein folgenschwerer Lapsus. Ein öffentlicher Shitstorm rollt über ihn hinweg. Doch dann nimmt die Situation eine weit dramatischere Wendung. Es geschieht, was er nur im Affekt dem Freund sagte. Damit gerät er ins Fadenkreuz polizeilicher Ermittlungen.

*Leseprobe, Inhalt: www.literaturpodidum.de*

# Wäre ich ein General

## Gedichte über den Krieg in der Ukraine

## mit Zeichungen von Arina Galantseva

### Eugen Kluev

108 Seiten, 2025

### Das Wort „Krieg"

Vater schweigt still und Mutter lang schwieg
miteinander sprachen sie leise
keiner darf sagen das Wort: Krieg
ich aber schon dummerweise
ich lege Fragen nicht den Eltern zur Last
ich bin schon groß, bin im Kindergarten
man sagt Kinder gehen nicht in den Knast
für die Worte wider Erwarten
ich warf ihren Schal um als die Mutter schwieg
stülpte Vaters Hut auf wie im Theater
hundertmal sage ich für die Mutter: Krieg
und hundertmal für den Vater

# Am Morgen nach dem Schneefall

### Erzählungen und Gedichte zu Winter und Weihnacht

### Kerstin Werner, Roland Jähnichen, Bettina Engel-Wehner, Volker Teodorczyk

2024, 448 Seiten

Winterstimmungen aus der Kindheit werden wachgerufen. Immer wieder wird der spannende Weihnachtsabend erwartet. An besondere Geschenke erinnert man sich viele Jahre später. Eine Exkursion um den Stechlinsee zurück zum Quartier zieht sich ungeahnt in die Länge. Folgen Sie den exotischen Regeln, wie man in der Sowjetunion reisen durfte oder eben aufgehalten wurde. Plötzlich saß man mitten in Sibirien fest in den Fängen der Miliz. Räucherkerzen von besonderer Mixtur entstehen aus einer Strafarbeit heraus, der Sohn hatte sich ungefragt das Auto des Vaters für eine Spritztour geliehen. Nach Kriegsende eine Wohnung zu bekommen war schwer, ein geschenkter Anzug führt zu überraschenden Folgen. Vom dunklen Schattenreich der Weihnachtsgeschenke berichtet eine surreale Geschichte, die Klimagefahr öffnet einen anderen Blick auf unseren Konsum. Einen Protagonisten verschlägt es gar auf die Antarktisstation Neumayer III. Die Nebelgespenster eines Schneesturms dringen in unseren Blick. Der Bandenthält neben Erzählungen zahlreiche Gedichte über Winterlandschaften, die Adventszeit und deAn Heiligen Abend. Hören Sie, der Weihnachtsmann klopft an die Tür!

# So bin ich ewig dir verbunden ...

### Romantische Gedichte. Eine Lebensreise.
### Heimatliches, Landschaften und Begegnungen

### Dietmar Ahrens

2024, 180 Seiten

Dieser Band gleicht einer Lebensreise, erkundet die Räume der Heimat und verfolgt dabei einen Stil, den der Autor als neo-klassisch und neo-romantisch verortet. Zumeist sind es gereimte Zeilen. Er folgt den Stimmen und Formen der Natur, den Landschaften, lauscht den Melodien der Vögel. Die Ernte wird eingeholt für das künftige Brot. Er ist unterwegs im ländlichen und kleinstädtischen Milieu, berichtet von familiärem Verbund. Das Apfelland begleitet ihn ebenso, wie Erinnerungen aus Kinderzeiten. Innere Zufriedenheit bindet er in seine Gedichtzeilen ein, schreibt aus der Mitte seines Selbst. Die Konturen der Liebe und die Zeichen der Frauen sind eingewoben. Geerdetes Lebensgefühl, das Einfache und Schöne will er in den Blick rücken, die Kraft der Stille spüren.